Cecília Russo Troiano
e Jaime Troiano

Qual é o seu Propósito?

A energia que movimenta pessoas, marcas
e organizações no século 21

SÃO PAULO, 2019

Qual é o seu Propósito?

QUAL É O SEU PROPÓSITO?
TROIANOBRANDING 2019®

COORDENADOR EDITORIAL Robson Viturino
REVISÃO Juliana A. Rodrigues e Eloah Pina
PROJETO GRÁFICO Flávia Marinho e Otávio Burin/Datadot Estúdio
CONTEÚDO VISUAL + INFOGRAFIA Flávia Marinho e Otávio Burin/Datadot Estúdio
ILUSTRAÇÕES Guilherme Henrique, Flávia Marinho e Otávio Burin
LETTERING DE CAPA Rafael Serra
TRATAMENTO DE IMAGENS André Graciotti
FOTOS Arquivos pessoais dos entrevistados e das empresas

Dados Internacionais de Catalogação na Publicação (CIP)
(Câmara Brasileira do Livro, SP, Brasil)

Troiano, Cecília Russo
    Qual é o seu propósito? : a energia que movimenta pessoas, marcas e organizações no século 21 / Cecília Russo Troiano & Jaime Troiano -- São Paulo : Editora CLA Cultural, 2019.

    ISBN 978-65-5012-015-3
    Bibliografia

    1. Cultura organizacional 2. Marcas de produtos 3. Marcas de produtos - Administração 4. Organizações - Administração I. Troiano, Jaime.

19-30066   CDD-658.827

Índices para catálogo sistemático:

1. Marcas : Gestão : Administração 658.827

(Cibele Maria Dias - Bibliotecária - CRB-8/9427)

Editora CL-A Cultural Ltda.
Tel: (11) 3766-9015
editoracla@editoracla.com.br
www.editoracla.com.br

"Não sei se a vida é curta ou longa para nós,
mas sei que nada tem sentido
se não tocarmos o coração das pessoas"

CORA CORALINA

AGRADECIMENTOS

ste livro é a consolidação da jornada dos 12 anos mais recentes, durante os 26 anos de existência da nossa empresa. Talvez "consolidação" não seja a melhor palavra, porque trabalhamos numa atividade que vive em constante evolução e ainda é muito pouco cristalizada.

A primeira oportunidade que tivemos de nos envolver com um projeto em que Propósito era o tema central foi em 2007, com a Havaianas, num desafio internacional da marca, ao lado da Alpargatas, e com Joey Reiman, então CEO da BrightHouse.

Os anos se passaram e nos apaixonamos pelo papel que o Propósito, entendido conceitual e corretamente, pode ter na vida de uma organização, no engajamento de pessoas, na relevância de uma marca no mercado e na contribuição para a sociedade. E foi combinando dezenas de novos trabalhos com um aprofundamento metodológico para cuidar do assunto que conseguimos reunir nossa experiência neste livro. Ele é o fruto dessas experiências concretas e de nossas reflexões a respeito. Devemos muito a várias pessoas e empresas, nossas clientes.

À Aegea, que nos ajudou a compreender melhor o nosso país, e que tem feito um maravilhoso trabalho de disseminação do seu Propósito, com a habilidade e o compromisso permanente da Fernanda Saad, a quem somos muito gratos. À Eliane Garcia Melgaço, da Algar, devemos um enorme agradecimento por ter nos convidado para participar e contribuir em várias etapas da disseminação do Propósito da organização. Este é autêntico como a história que retrocede ao seu fundador Alexandrino Garcia. À Caedu, que também nos ensinou um outro tanto sobre humildade e fidelidade ao seu público. Além de nos ter feito acreditar ainda mais na força, na energia e na criatividade do empreendedor brasileiro. Gratidão à Leninha Palma, aos seus irmãos e sócios João e Luciano, e à equipe: Edson, Gil, Larissa e Nathalia. A eles, nosso muito obrigado por dividir conosco uma história orientada por um forte Propósito.

Aliás, com o Giraffas não tem sido diferente: tivemos o privilégio de estar ao lado de Luciana Morais, Ana Carolina Morais, Eduardo Guerra e Carlos Guerra, que nos mostraram algo muito importante: a convicção de que a alimentação é apenas um veículo saboroso para um Propósito maior. À Peppery, que nos viabilizou esse encontro e esteve conosco nessa aventura, muito obrigado. Ao Instituto Avon, que com o compromisso e entusiasmo da Daniela Marques Grelin, Giuliana Borges, Mafoane Odara e Renata Rodovalho permitiu que, em conjunto, construíssemos um caminho que ilumina muito bem seu Propósito maravilhoso.

À J. Macêdo, com quem temos orgulho de preservar um relacionamento desde 1997, muito obrigado. A inspiração de Amarílio Proença de Macêdo e a energia da então líder do projeto, Christiane Rego, junto com Andreia Freitas e Daniele Oliveira, fizeram a diferença nessa jornada de escavação do Propósito da empresa. À Riachuelo, onde o Mauro Mariz tem sido sempre um parceiro fiel e o Flávio Rocha um incentivador que, desde o início, decidiu fincar a bandeira do Propósito na empresa. Quando conhecemos o Carlos Wagner Santos e o Rafael Navarro, que dirigem a Sintel, reforçamos ainda mais a convicção que já tínhamos: identificar, revelar e disseminar o Propósito de uma empresa é algo fundamental em qualquer setor do mercado. Seja ele B-2-C ou B-2-B, como é o caso da Sintel. Devemos à Sintel por ter nos deixado isso ainda mais claro.

Ao longo de 12 anos, foram muitas as empresas para as quais contribuímos e com as quais aprendemos a caminhar no território do Propósito. Fazemos questão de nomeá-las: Grupo Pão de Açúcar,

Globo, Rainha, Itaú Cultural, Libbs, Covabra, Companhia de Jesus, Femme Laboratório da Mulher, ESPM, Associação Comercial de São Paulo (ACSP), Química Amparo, Daquiprafora, Pravaler, Kallan, Summit e Preçolandia.

E, sem dúvida, à equipe da TroianoBranding, que nos apoia, desafia e nos complementa todos os dias. Obrigado, pessoal! Sem vocês não chegaríamos onde estamos hoje.

Há momentos nesses projetos em que precisamos muito de profissionais e pensadores que nos ajudem a enxergar mais longe. Eles são energizadores, entre os quais Claudia Morelli Gadotti, Jean Bartoli e Fernando Jucá. Um agradecimento carinhoso a vocês.

Bem, mas este é um livro com papel, letras e cores. Para que ele tivesse a maravilhosa apresentação gráfica que julgamos ter, a Flávia Marinho e o Otávio Burin, do Datadot Estúdio, fizeram o trabalho artístico primoroso que vocês verão.

E, por fim, tivemos a felicidade de conhecer um jornalista muito talentoso, que é também escritor e um pensador arguto. Quando decidimos criar o livro, com todos os conteúdos acumulados nessa jornada de 12 anos, nós nos entreolhamos e pensamos a mesma coisa: "Vamos ligar para o Robson Viturino?". Pois bem, essa é uma daquelas decisões que a gente toma na vida e tem certeza de que nunca se arrependerá. Robson teve a enorme sensibilidade de entender o que queríamos, de usar toda sua bagagem de jornalista de economia e negócios, e de produzir textos que não nos cansamos de ler. A gratidão que temos pelo que ele nos ajudou a construir é enorme.

No final dessa jornada, tivemos a sorte e o juízo de encontrar Fabio Humberg, da editora CLA, que com muito cuidado e profissionalismo pôs nosso projeto em pé e viabilizou sua edição.

Muito obrigado a todos.

APRESENTAÇÃO

CECÍLIA RUSSO TROIANO
JAIME TROIANO

quando decidimos escrever este livro, refletimos sobre o quanto o seu tema central, Propósito, é algo que nos acompanha e, na verdade, nos persegue há muito tempo. Mesmo antes de nos envolvermos operacionalmente com ele, em nossos projetos profissionais, algo nos dizia que tínhamos um laço com toda essa história. Ou seja, a decisão de escrever sobre Propósito foi bem anterior aos primeiros momentos em que nos aproximamos de pessoas, marcas e empresas para discutir o assunto.

Mas bem anterior quanto? São muitos anos! Eles retrocedem à nossa formação acadêmica. Sociólogos e psicólogos que somos, criamos uma forma de olhar para a vida e para o mundo ao nosso redor que, inevitavelmente, invadiu nossa vida profissional e nos fez ver que, em todos os projetos que conduzimos, a interface com a qual dialogamos não é o mercado, mas a sociedade e os comportamentos humanos que se manifestam nela. Afinal, empresas são regidas por um *contrato social*. Daí a pensar em Propósito foi apenas um passo. A pergunta que sempre nos ocorre é: qual a razão de ser de uma organização humana, de uma empresa representada por sua marca? Com essa questão, estava pavimentado o caminho para tratar do Propósito e para mapear o acesso a ele.

Outra motivação para escrever este livro foi nossa intenção, sempre presente, de dividir nossos aprendizados e experiências com um número maior de pessoas. Há muito tempo, acreditamos que uma cultura moderna de mercado se desenvolve com a exposição e com o compartilhamento das contribuições individuais. Aliás, este livro é apenas mais uma de nossas iniciativas nessa direção ao longo destes anos, como muitos já conhecem. Algumas pessoas nos disseram, neste caso e em anteriores, algo assim: "Mas vão revelar em detalhes a metodologia que criaram para projetos sobre Propósito? Vocês não ficam preocupados com a possibilidade de que outros possam fazer algo semelhante?". E nós temos respondido sempre com o mesmo argumento: a maneira mais garantida de propriedade intelectual é ser identificado perceptualmente como autor.

É exatamente por essa razão, fruto do compartilhamento de experiências, tanto de quem já trabalhou conosco como de quem nos acompanha, que nós temos tido a satisfação de ver várias iniciativas semelhantes brotarem no mercado. Mas temos consciência de que nós mesmos não começamos do zero; nos inspiramos em quem já fazia isso há mais tempo. Afinal, como dizia Isaac Newton: "Se eu vi mais longe, foi por estar sobre ombros de gigantes".

Bem, se hoje a referência a Propósito é algo corriqueiro, quando começamos a tratar do tema em nossos projetos, não era assim. Em 2007, pouco se falava a respeito do assunto. Foi o momento em que começaram a aparecer as perigosas confusões conceituais entre temas supostamente equivalentes como missão, visão e causas. Esses equívocos, infelizmente, se prolongam até os dias de hoje. Assim, este livro tem também o compromisso de desfazer os deslizes e as precipitações conceituais que podem acabar banalizando a verdadeira importância que a discussão sobre Propósito possui. Como você, caro leitor, verá nos capítulos a seguir, tratamos desse assunto com muita atenção no decorrer do texto e nos *cases* que descrevemos e, por isso, temos certeza de que ficará muito claro por que Propósito não se confunde com os *statements* pendurados nas paredes das empresas. Ao contrário, ele os ilumina e os organiza.

O que queremos ou imaginamos que você possa ganhar com a leitura e com a reflexão a respeito do conteúdo nas próximas páginas?

Em primeiro lugar, e talvez mais importante do que qualquer outro benefício, você poderá compreender em profundidade o quanto Propósito é mandatório na vida das organizações e em sua conexão com nossas vidas atualmente. E compreender também que não se trata de algo que se constrói ou se identifica num *brainstorming,* ou a partir de um *gimmick* publicitário. Ou seja, há processos que precisam ser obedecidos para que o Propósito se revele, ganhe vida e se integre à cultura da empresa e à relação com seus colaboradores.

Como consequência, esperamos também que o livro anime um número maior de empresas a incorporar essa preocupação como pauta da sua gestão corporativa. Aliás, um dos riscos que espreitam os trabalhos sobre Propósito é considerá-lo uma iniciativa que diz respeito apenas aos departamentos de marketing e de comunicação. A ingenuidade tem muitas vezes feito desse tema uma ferramenta mercadológica e um dispositivo de fachada. Quando, na verdade, ele é um movimento que precisa, obrigatoriamente, envolver e mobilizar a organização como um todo, em primeiro lugar, a partir de um compromisso autêntico da alta gestão. O Propósito de uma empresa ou de sua marca só deveria se revelar externamente quando seus "apóstolos" internos, seus embaixadores, estiverem plenamente comprometidos com ele.

Também esperamos que esta leitura possa reforçar a crença de que a jornada das organizações no século XXI não pode ser orientada exclusivamente por um olhar para o mercado, mas por um legítimo diálogo com a sociedade ao seu redor. Deve haver algo que integra pessoas, marcas e empresas. As experiências mais bem-sucedidas nesse sentido não têm prescindido de um carinhoso e autêntico compromisso com o Propósito. Muitos exemplos ao longo do livro mostrarão isso. Que a leitura seja inspiradora!

COMO LER ESTE LIVRO?

Saiba como navegar pelo livro seguindo a divisão de capítulos, os recursos gráficos e o vocabuláro para falar de Propósito.

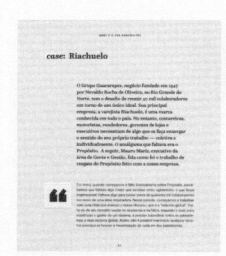

6 *CASES*
A VERSÃO DAS EMPRESAS

9 CAPÍTULOS
A METODOLOGIA EM DETALHES

TECNOLOGIA

Apresentação da metodologia criada pela TroianoBranding e a história de sua aplicação em diversas organizações.

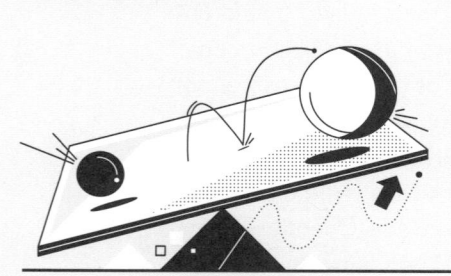

HISTÓRIAS

Depoimentos e entrevistas de profissionais cuja experiência revela a importância de se investir no Propósito.

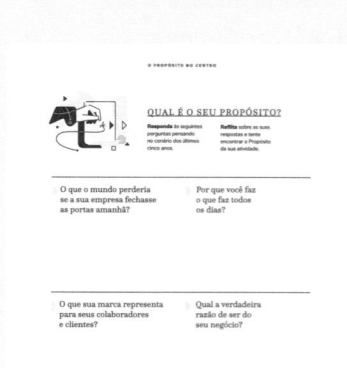

BAIXE AS ATIVIDADES

PARA PENSAR E FAZER PENSAR

Alguns capítulos se encerram com exercícios que ajudam a refletir sobre o Propósito de nossas carreiras e organizações. Faça o *download*, imprima, compartilhe com sua equipe e rabisque à vontade.

GLOSSÁRIO

NÚMEROS

Gráficos e infográficos mostram o impacto do trabalho com o Propósito no resultado da empresa.

ESCAVAÇÃO

Investigação das origens da organização e de seus fundadores por meio de fontes variadas.

ENERGIZADOR

Pessoa de várias áreas (fora do mundo dos negócios), que ajuda a enxergar dinâmicas latentes do mundo.

MANIFESTO

O Propósito ganha corpo na forma de um texto, ou carta de princípios, que irá disseminá-lo e inspirar as pessoas.

MAPA DOS TALENTOS

Identificação das vocações desenvolvidas pela empresa ao longo do tempo e do que a torna uma organização singular.

PROPÓSITO

Razão de ser da organização ou da pessoa. Surge do encontro dos seus Talentos com as Necessidades do mundo.

ROTA DO SOUL

Tecnologia criada pela TroianoBranding para identificar o Propósito e disseminá-lo nas empresas.

SOU

Etapa de resgate do Propósito original, geralmente criado pelo fundador da organização, e dos Talentos advindos dessa força.

SOUL

Hora da redescoberta do Propósito da empresa ou do profissional e da construção de uma frase síntese a partir dele.

ORDEM

A leitura dos *cases* pode ser realizada seguindo qualquer ordem, de acordo com o interesse (e o tempo) de cada leitor.

NECESSIDADES DO MUNDO

Diagnóstico das necessidades da sociedade, com atenção especial para as atendidas pelos Talentos da empresa.

SOL

Promoção de ações que tangibilizem o Propósito junto a todos os *stakeholders*, internos e externos.

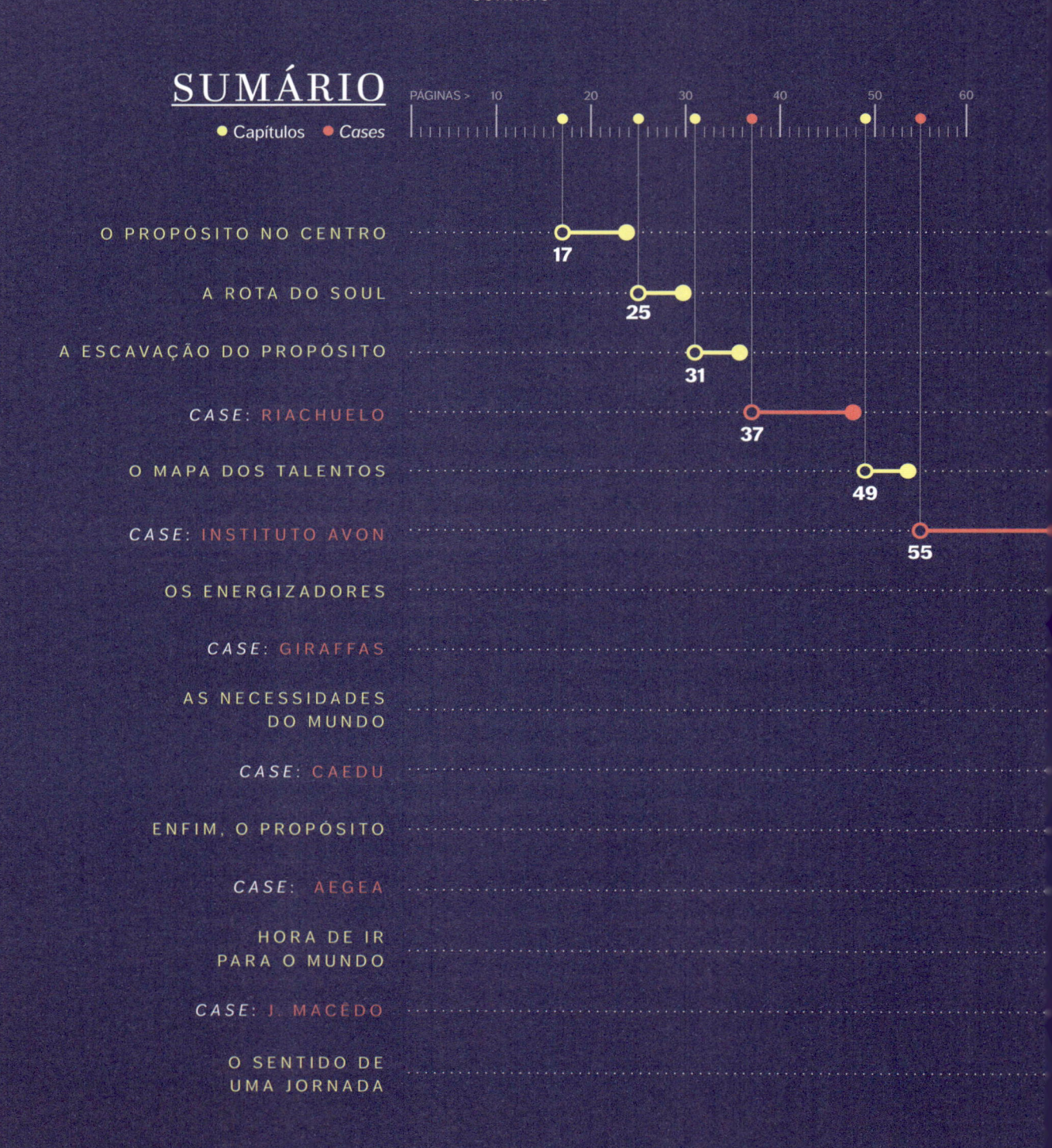

SUMÁRIO

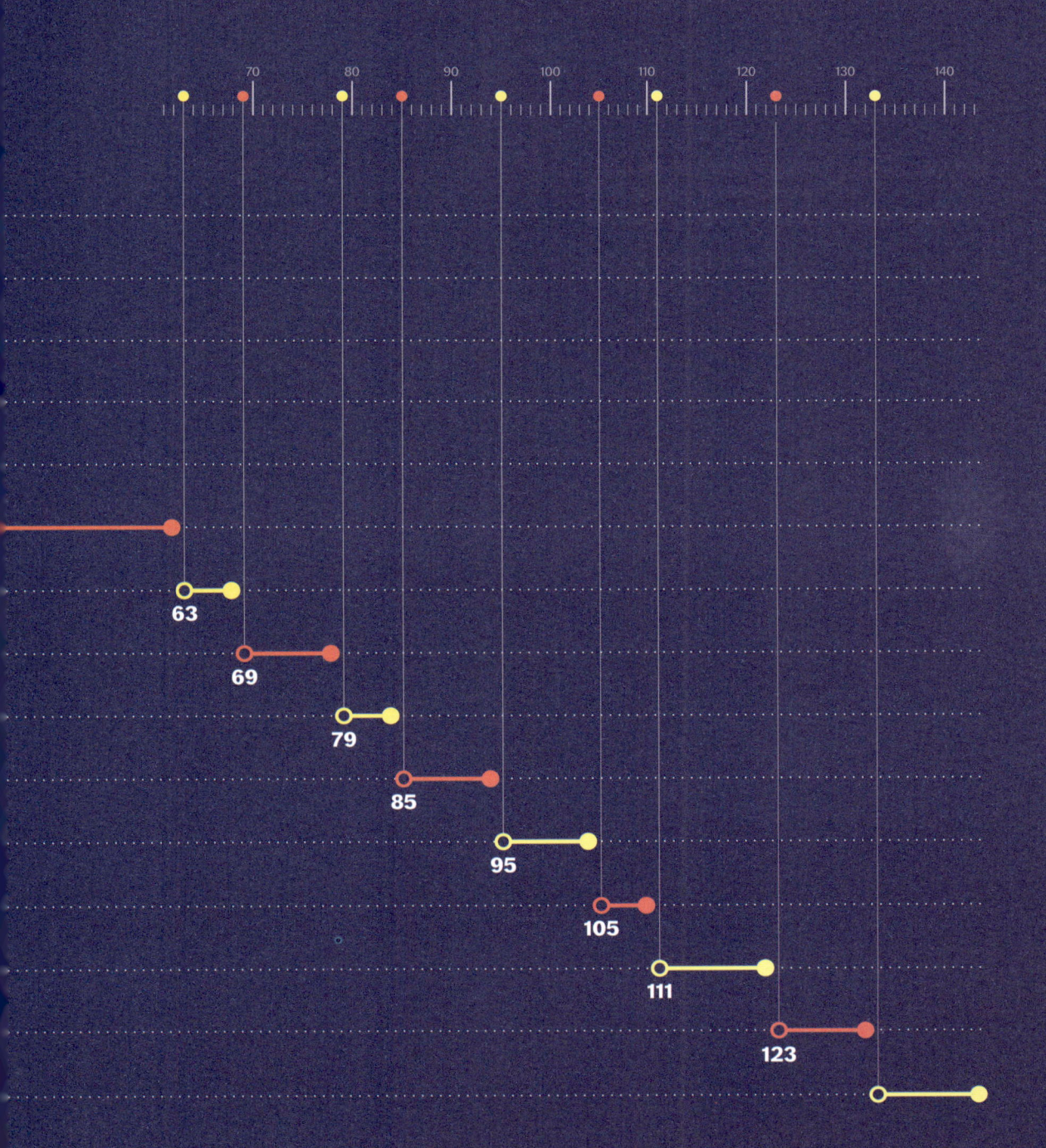

CAPÍTULO 1

O Propósito no centro

Por que identificar
a motivação essencial
do trabalho tornou-se
um imperativo

Muito se falou e se escreveu nos últimos tempos sobre a velocidade das mudanças neste início de século XXI. Para ficar em um conceito que tem ecoado em diversos meios sociais, incluindo o corporativo, vivemos a "modernidade líquida". Segundo a teoria do sociólogo polonês Zygmunt Bauman (1925-2017), atravessamos um tempo em que relações, estruturas e ideias estão permanentemente em mutação, gerando enormes incertezas.

as consequências práticas dessa nova realidade são muito fortes e transformadoras. São incontáveis as novas carreiras que estão surgindo — e as que, em movimento consonante, deixam de existir —, as novas formas de se relacionar com o outro (muitas delas virtuais), os avanços tecnológicos e os mercados criados a partir deles. A sensação permanente é de estar em meio a uma torrente, ou em um fluxo, no qual tudo se altera o tempo todo.

Mesmo para os mais preparados entre os mais preparados de nós, encontrar o ponto de equilíbrio em mares revoltos não é uma tarefa simples. A bem-vinda "novidade" do nosso tempo é que contamos com um conjunto de conhecimentos, tecnologias e recursos sem precedentes. O que vem pela frente é um baita desafio, mas contamos com uma bússola poderosa. A bússola, nesse caso, tem nome: chama-se Propósito.

Não foi por acaso que o tema do Propósito tornou-se incontornável neste início de século. Em tempos marcados por transformações em cascata, a força de algo permanente — ou, dito de outra maneira, menos flutuante — traz necessário contrapeso. Nas palavras do economista e cientista social mineiro Eduardo Giannetti da Fonseca, é preciso "separar o circunstancial do permanente da cultura". Em um breve paralelo com o universo do trabalho, o circunstancial seria tudo o que está em permanente mutação e o permanente, aquilo que possui raízes fortes — o Propósito, portanto.

Em meio a organizações cuja atuação tem o potencial para impactar a nossa vida durante décadas, nunca foi tão importante dar uma resposta consistente — e autêntica — a algumas perguntas de cunho quase filosófico sobre a nossa existência. São elas: o que o mundo perderia se a sua empresa fechasse as portas amanhã?; qual a verdadeira razão da existência do seu negócio?; e por que você se dedica a essa atividade específica?".

UMA QUESTÃO DE RAIZ

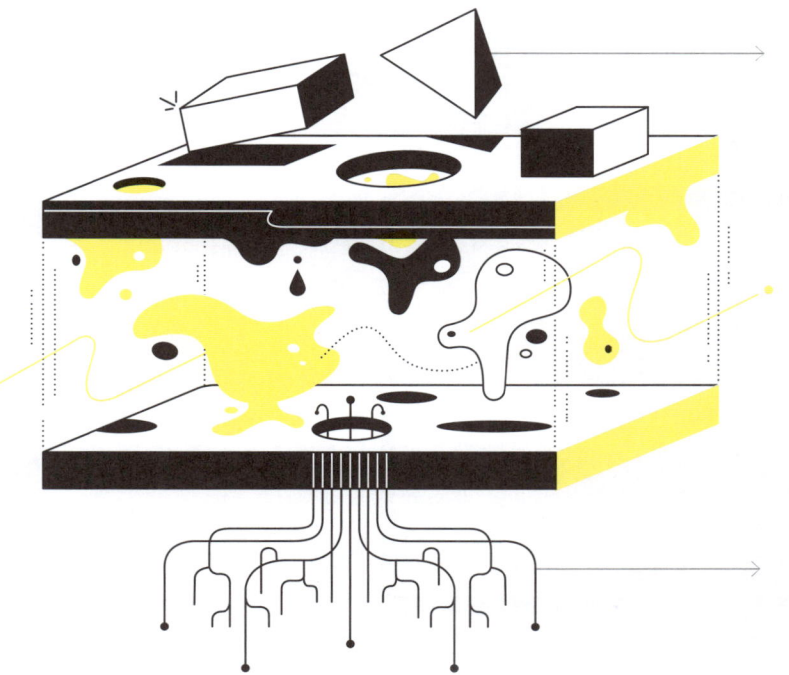

CIRCUNSTANCIAL

O que está em permanente mutação, adequando-se às transformações dos tempos atuais.

PERMANENTE

Aquilo que possui raízes fortes, capazes de influenciar todos os tempos e todas as gerações.

São perguntas difíceis de responder — um tanto distantes dos questionamentos imediatistas que nos habituamos a fazer em meio a várias prioridades. Como qualquer um pode supor, as respostas não costumam ser simples, tampouco surgem de prontidão. Apesar disso, o exercício de escavar uma resposta que não se resuma ao básico "obter bons resultados financeiros no próximo trimestre" já traz uma nova perspectiva.

Geralmente, é dessa reflexão que surge um caminho para explorarmos o Propósito das organizações em que atuamos e da nossa própria trajetória pessoal. Para nossa satisfação, tem sido assim com a nossa própria empresa.

Em nossos 26 anos de história, pudemos aferir como a primazia do Propósito trouxe impactos nos resultados financeiros de empresas de capital aberto ao longo de muitos anos (gráficos na página 23). Embora seja es-

Tem sido assim também com os nossos clientes, entre os quais Riachuelo, Algar, Avon, Globo, Caedu, Sintel, Giraffas, Grupo Pão de Açúcar e Preçolandia.

QUESTÃO DE MARCA

Após levar o Propósito ao centro de suas prioridades, o Instituto Avon redefiniu pilares da marca e da relação com seus *stakeholders*.

sencial para a sustentabilidade dos negócios, o indicador financeiro é somente a ponta do iceberg. O Propósito dá o rumo para todas as iniciativas da empresa, ajuda na atração e na retenção de talentos, na sucessão das lideranças e dá a base para pensar em longo prazo.

Fazendo um voo mais alto, podemos dizer que a presença do Propósito nas conversas sobre o futuro das empresas — e das carreiras — é em si mesmo um sinal da evolução do capitalismo. Tal relevância é o que explica o fato de tantos estudos sobre Propósito serem conduzidos mundo afora em universidades e institutos de pesquisa de grande prestígio. Refletir sobre esse assunto tornou-se um imperativo do nosso tempo para qualquer empresa.

Perguntar o ==porquê de exercermos determinada atividade== ajuda a dar sentido e significado ao nosso trabalho. Para as empresas, é a forma de reconhecer sua alma, de embutir verdade nas suas ações e de transmitir autenticidade na sua comunicação.

O SEU PROPÓSITO

OS SEUS TALENTOS

AS NECESSIDADES DO MUNDO

ENCONTRO ESSENCIAL

O Propósito está onde ocorre a confluência de nossos principais Talentos com as Necessidades do Mundo. É o caso em que a simplicidade é apenas aparente.

Ao nos voltarmos ao passado recente, parece difícil identificar em que momento a pergunta sobre a motivação essencial por trás de nossas atividades passou a ser tão importante. Pois é, parece que estamos diante de um desses fenômenos transicionais que mudam muita coisa. Para nossa sorte, isso está só no começo. Para compreender essa história, o primeiro passo é reconhecer que ela tem sido escrita aos poucos, com a participação de um amplo e variado arco de autores, nós todos entre eles.

Como empreendedores, acionistas, executivos ou colaboradores, temos uma bela jornada adiante. A contribuição da TroianoBranding nesse percurso está no ato de desbravar esse novo valor do mundo corporativo, algo que temos feito muito antes de o assunto se tornar uma tendência no meio empresarial. Dessa experiência, criamos uma metodologia chamada **ROTA DO SOUL**, que apresentaremos em detalhes neste livro.

A evolução dos princípios e das relações no mundo do trabalho pede novos atributos de todos nós. Colocar o tema do Propósito no centro dessas discussões passou a ser um imperativo para as lideranças em busca de respostas para o nosso futuro. Juntos, poderemos inscrever uma nova página na história do capitalismo. Esta é a razão de ser deste livro.

"Na intersecção de seus talentos únicos com as necessidades do mundo encontra-se a sua vocação".

ARISTÓTELES

RETORNO FINANCEIRO PARA ACIONISTAS

EM %

- O segredo das empresas mais queridas
- Empresas feitas para vencer
- S&P 500

As companhias com **melhor resultado financeiro são as mais guiadas pelo Propósito.** É o que mostra uma pesquisa com centenas de empresas, entre as quais as companhias listadas no S&P 500* e as citadas no livro *Empresas feitas para vencer*, de Jim Collins.

*Índice que representa as 500 maiores empresas com ações nas bolsas de valores norte-americanas.

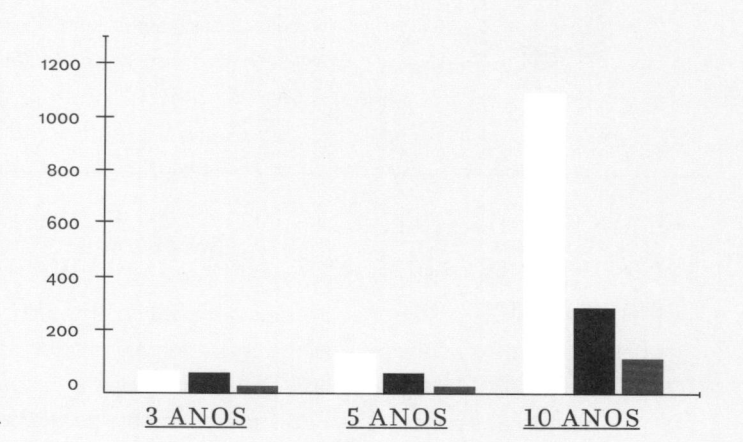

PROPÓSITO & VALOR DE MERCADO

EM BILHÕES DE R$

- Empresas com foco no Propósito
- Empresas sem foco no Propósito

As companhias com um Propósito têm **maior valor de mercado** em relação às empresas que negligenciam o assunto. É o que mostra um estudo feito ao longo de cinco anos com sessenta empresas que atuam no Brasil e têm ações listadas na B3 (Bovespa, bolsa de valores brasileira).

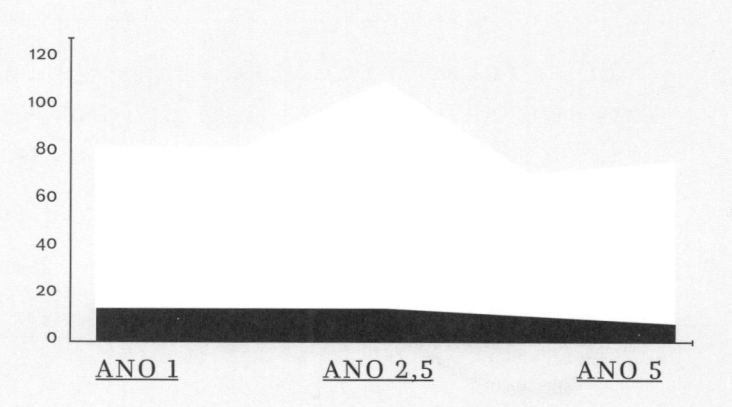

FONTES Livro *O segredo das empresas mais queridas*, de Rajendra Sisodia, Jagdish Sheth, David Wolfe (gráfico superior), e TroianoBranding (gráfico inferior).

QUAL É O SEU PROPÓSITO?

Responda às seguintes perguntas pensando no cenário dos últimos cinco anos.

Reflita sobre as suas respostas e tente encontrar o Propósito da sua atividade.

O que o mundo perderia se a sua empresa fechasse as portas amanhã?

Por que você faz o que faz todos os dias?

O que sua marca representa para seus colaboradores e clientes?

Qual a verdadeira razão de ser do seu negócio?

CAPÍTULO 2

A Rota do SOUL

Como explorar a potência do
Propósito com a ajuda da
arqueologia, da psicanálise,
da filosofia e da história

O despertar do Propósito de uma organização, ou mesmo do nosso como indivíduos, cidadãos e profissionais, não é algo que se encerra em si mesmo. Não é um objeto de fetiche para atrair seguidores nas redes sociais, indiscriminadamente. Tampouco se trata de definir um *slogan* a ser estampado em campanhas publicitárias ou numa plaquinha do escritório. Também é diferente de encontrar uma causa à qual a empresa possa se dedicar, por mais nobre, consciente e cidadã que esta seja. Como você já deve ter constatado, resgatar, reconhecer e despertar o Propósito não é tarefa simples. Simplicidade é apenas o resultado final de um processo profundo e que exige compromisso e envolvimento de muitas pessoas.

g rande parte do desafio de levar o Propósito ao centro de uma organização ou trajetória profissional está em definirmos não o que fazemos, nem como fazemos, mas o PORQUÊ de nossa existência. Parece conversa de terapeuta, *coach* e filósofo, mas saber o moto faz toda diferença na hora de acordarmos todos os dias. Ou então, quando somos exigidos a tomar decisões difíceis e fazer um balanço do nosso legado ao final de ciclos importantes, seja um trimestre, um ano ou um período em uma empresa.

No geral, as pessoas sabem contar *o que* fazem e *como* fazem, mas raramente ingressam numa conversa sobre os *porquês* sem perder o fio da meada. E isso não é demérito para nenhum de nós. Chegar ao cerne desse assunto é mesmo muito difícil. É precisamente por essa razão que, até pouco tempo atrás, a maioria esmagadora das empresas, organizações e profissionais jamais pensava a fundo sobre Propósito. Debruçar-se sobre isso só foi possível graças à evolução das relações de trabalho, fruto de transformações no capitalismo, que passou a contemplar novas necessidades.

Embrenhar-se por esse território é uma aventura à qual nós temos nos dedicado há bastante tempo. Ao longo dos anos, estivemos ao lado de marcas cuja atuação dentro e fora do Brasil também passou a refletir os novos tempos. Dessa vivência com empresas e organizações de importância exponencial em suas áreas surgiu a necessidade de criarmos um método consistente, capaz de orientar a todos nós no trato da questão do Propósito. Assim surgiu a **ROTA DO SOUL.**

A **ROTA DO SOUL** é o método por meio do qual a TroianoBranding auxilia seus clientes a resgatar — e lapidar — o seu Propósito, a conectá-los às necessidades do mundo contemporâneo e, finalmente, a promover ações que os mantenham pulsantes junto a sócios, executivos, gerentes, colaboradores, clientes, entre outros *stakeholders*. Dito de outra forma, é o mecanismo por meio do qual levamos para a prática os preceitos lapidares apresentados por Aristóteles há mais de dois mil anos: "Na intersecção de seus talentos com as necessidades do mundo, encontra-se a sua vocação".

O GOLDEN CIRCLE

O valor do 'porquê' na vida das organizações, segundo Simon Sinek.

O QUÊ? Descreve o produto ou serviço, seu diferencial, e sua demanda atendida.

COMO? Aborda os aspectos operacionais, metodológicos e técnicos de uma atividade.

POR QUÊ? Ilustra a verdadeira razão de ser das organizações, ou seja, o seu Propósito.

A ROTA DO SOUL

A nossa tecnologia tem auxiliado organizações e profissionais a resgatar, lapidar e, o mais importante, potencializar o seu verdadeiro Propósito

1 SOU

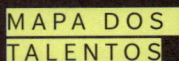

ESCAVAÇÃO

Investigação das origens da empresa e de seus fundadores por meio de fontes variadas

MAPA DOS TALENTOS

Identificação das vocações desenvolvidas pela empresa ao longo do tempo e do que a torna uma organização singular

ENCONTRO COM O MUNDO

Cruzamento dos Talentos da marca com as necessidades da sociedade, potencializando aquilo que a faz única no seu segmento

2 SOUL

REVELAÇÃO

Após ser identificado e lapidado, o Propósito é resumido numa frase síntese que expressa os Talentos da marca de forma inspiradora

MANIFESTO

O Propósito ganha corpo na forma de um texto - espécie de carta de princípios - que irá disseminá-lo com o fim de inspirar as pessoas

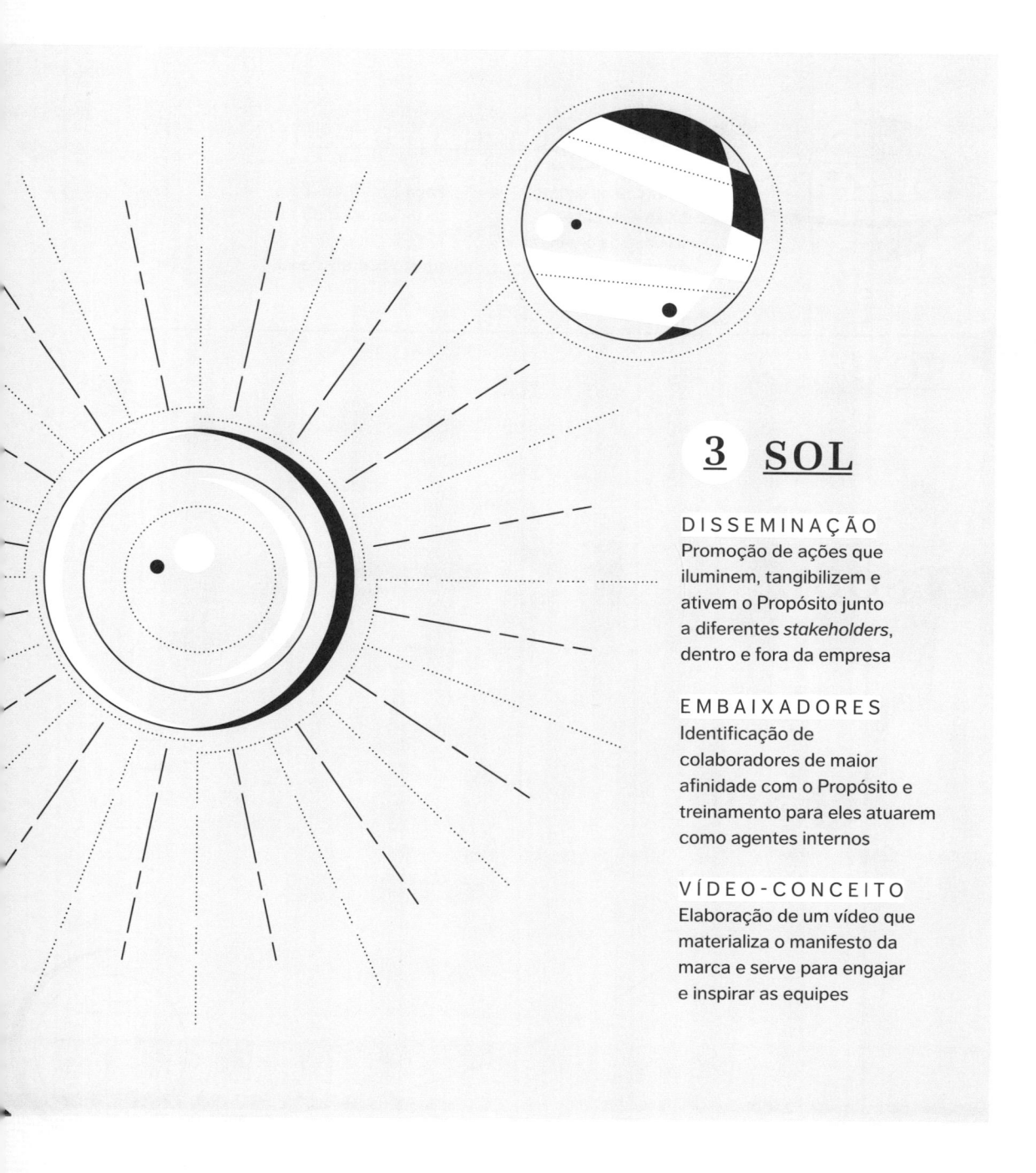

3 SOL

DISSEMINAÇÃO
Promoção de ações que iluminem, tangibilizem e ativem o Propósito junto a diferentes *stakeholders*, dentro e fora da empresa

EMBAIXADORES
Identificação de colaboradores de maior afinidade com o Propósito e treinamento para eles atuarem como agentes internos

VÍDEO-CONCEITO
Elaboração de um vídeo que materializa o manifesto da marca e serve para engajar e inspirar as equipes

FAÇA A SUA ROTA DO SOUL

Preencha os campos abaixo com base na realidade da organização em que você trabalha.

Faça o mesmo, desta vez levando em consideração a sua trajetória profissional.

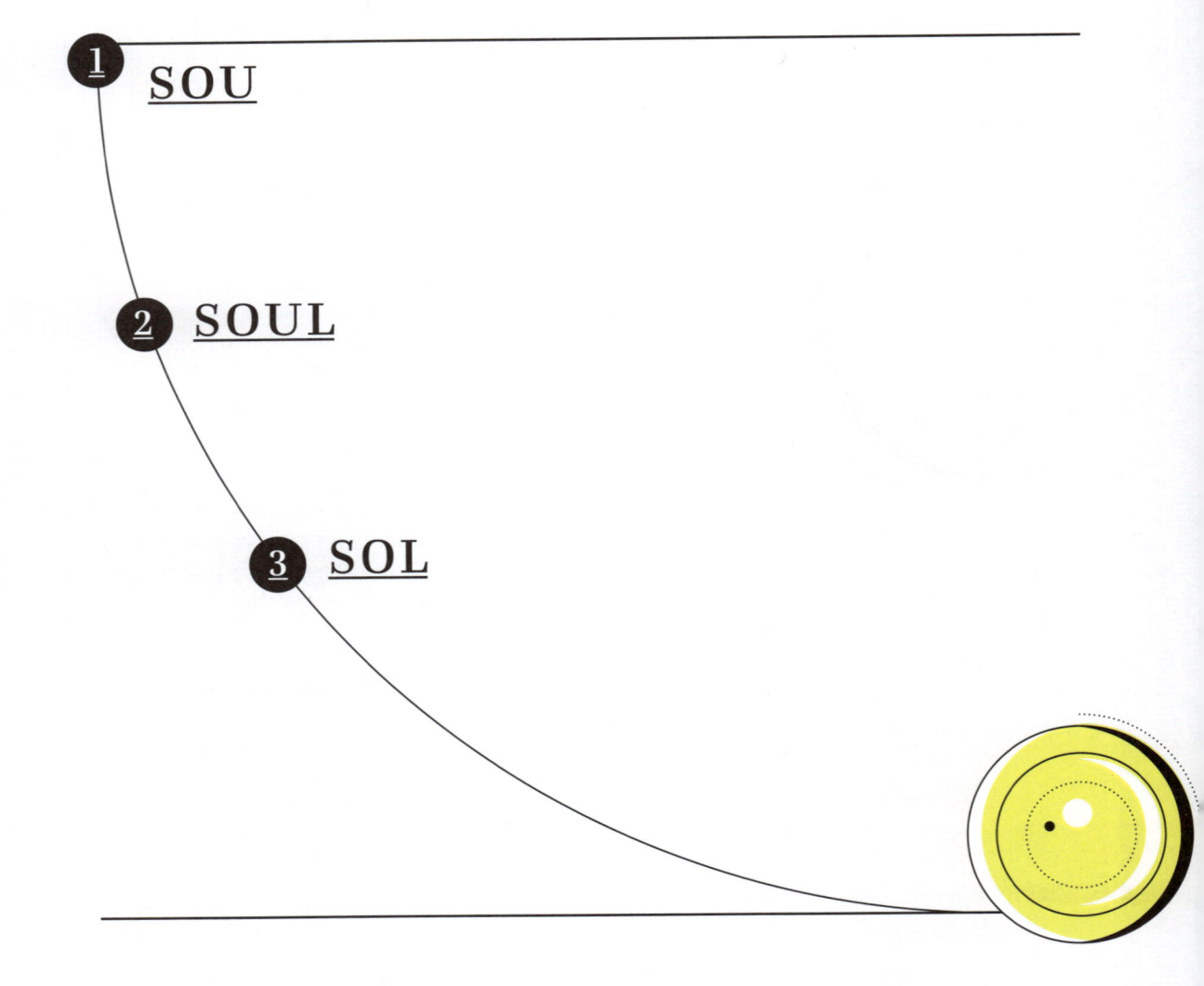

1 SOU

2 SOUL

3 SOL

CAPÍTULO 3

A Escavação do Propósito

O que a nossa história nos
diz sobre quem nós somos
hoje e quem poderemos
nos tornar amanhã

A primeira etapa da **ROTA DO SOUL** tem um quê de arqueologia, daí o sugestivo nome "Escavação". Esse é o momento em que a nossa equipe auxilia os clientes em uma pesquisa guiada pelo seu passado — ao longo de anos, décadas ou, às vezes, mais de um século. Trata-se de um mergulho investigativo na marca, nas memórias de seus fundamentos e nos seus princípios essenciais. O objetivo é resgatar os primeiros vestígios de sua história, de onde brotaram os sonhos dos fundadores — algo vital para qualquer organização, porém quase sempre deixado para trás com o passar do tempo.

t razer à tona os primórdios de uma organização é fundamental para se desvelar o Propósito. Como em qualquer processo de Escavação, aqui o destino final nos levará à descoberta de um material marcado pelo tempo e altamente significativo: são cartas, bilhetes, fotografias, filmes, suvenires, documentos, material publicitário, notícias de jornal ou histórias transmitidas oralmente de geração para geração. Invariavelmente, um novo olhar sobre esse material gerará muito mais que reminiscências: aí estará a matriz da potência da empresa, uma força que, lapidada, ressurgirá como o seu Propósito.

A Escavação é a etapa em que a empresa se detém sobre suas origens para compreender melhor o presente e se posicionar para o futuro. Por isso, é importante lembrar: o Propósito não nasce de uma sessão de *brainstorm*, nem de uma "sacada criativa", mas da revelação de uma verdade que

Desse ==exercício arqueológico== irão surgir os talentos, percepções e sentimentos evocados pela organização ou pelo indivíduo.

sempre pertenceu à empresa e talvez estivesse um tanto esquecida em baús antigos. Se quisermos nos aventurar pelos saberes do criador da psicanálise, ao tratar desse processo em que algumas memórias são abandonadas, sendo sobrepostas por outras, Freud falava em "lembranças encobridoras". Mas essas memórias estão sempre lá, basta o instrumento certo para resgatá-las.

Em um mundo fascinado pela celebração da memória instantânea via redes sociais, a Escavação torna-se ainda mais imprescindível. Mas, claro, isso não impede o frequente surgimento de aventureiros que acreditam ser possível criar um Propósito "sob demanda", como se uma empresa pudesse ganhar uma alma nova do dia para a noite. Isso não existe! O Propósito é uma ideia, um sentimento, uma essência que está na alma da organização, no sonho de seus fundadores e dirigentes. O Propósito é um olhar para dentro e não se define a partir do outro. Não é um "aromatizador" que se aplica: é, sim, a própria fragrância que emana da flor e que nasce com ela.

NA PRÁTICA: A FORÇA QUE VEM DAS RAÍZES

Sr. Vicente e a segunda geração: Luiz Gustavo (à frente) e João Vicente

um dos exemplos do potencial do trabalho de Escavação está na história da Caedu, varejista de roupas fundada em 1975, em São Paulo, por Vicente de Palma. Ao voltar-se para o seu passado, Leninha de Palma, filha de Vicente e hoje dirigente da empresa, pôde aprofundar seu contato com o passado da organização. "Foi um processo fundamental para que pudéssemos firmar a identidade da Caedu e nos preparar para o início da expansão", afirma Leninha, que lidera 55 unidades da marca e cujo plano de crescimento prevê a existência de cem lojas: setenta nas ruas e trinta em *shopping centers*.

O negócio nasceu do sonho de Vicente da Palma, homem de origem humilde que em 1964 partiu de Monte Azul, no interior de São Paulo, rumo à

Não se trata de reviver o passado, mas, sim, de entender o que fez com que a empresa prosperasse e o porquê de ela ser o que é hoje".

JOEY REIMAN

CEO e fundador da BrightHouse, consultoria norte-americana especializada em Propósito e ex-sócia da TroianoBranding

capital paulista em busca de melhoria nas condições de vida. Nos seus primeiros anos na Pauliceia, viveu em um cortiço no bairro da Penha, onde viria a conhecer Teresa, sua futura esposa e parceira nos negócios. Mais tarde, quando Sr. Vicente trabalhava em um mercado central, e Teresa na Nestlé, os dois usavam o horário de almoço para comprar roupas no bairro do Bom Retiro, onde o comércio popular de tecidos já era muito forte.

Com a ajuda de uma caminhonete, Sr. Vicente levava as roupas para o interior nos fins de semana. O objetivo era revender as peças por um preço mais alto. Aos poucos, o casal melhorava de vida, a ponto de construir a primeira casa com os recursos desse comércio improvisado. Animado com as possibilidades, Sr. Vicente estudou modelagem e passou a con-

O PASSADO HOJE: OS ECOS DA HISTÓRIA DA CAEDU NO SEU PRESENTE

Ao deixar a Caedu para os filhos, em 1986, Vicente de Palma escreveu uma carta com apontamentos lembrados no dia a dia da empresa. Em um trecho ele diz "eu confio em vocês, tudo o que fizerem de bom sempre volta em dobro". Em outro, faz um pedido: "antes de tomar alguma atitude, refletir primeiro com os funcionários".

feccionar as próprias roupas. Viriam os primeiros filhos (no total de cinco) e, em 1969, a primeira loja, Joluiz (junção do nome dos filhos João e Luiz), inaugurada na parte da frente da casa onde vivia a família. Seria uma das dez primeiras lojas no bairro do Brás.

Em 1975, Sr. Vicente e Teresa fundaram a sua segunda loja, dessa vez com o nome Caedu, abreviação de Carlos Eduardo, o nome de um dos filhos. Sr. Vicente se dedicava a confeccionar as peças no piso superior da loja, enquanto as vendas aconteciam no térreo. Foi assim até 1986, quando o casal fundador passou o bastão da Caedu para os filhos João e Luiz, então com 19 e 20 anos, e voltou a viver no sossego do interior paulista.

Como ficou evidente nas entrevistas e pesquisas feitas por nós no processo de Escavação, a busca por prosperidade, a opção por uma vida mais digna e a crença na família formavam os pilares da Caedu desde o início. Essas seriam as marcas fundantes da empresa. Ao reconhecê-las e se reconciliar com elas, Leninha pôde enxergar com mais clareza quais eram as virtudes carregadas pela Caedu. Elas estavam lá desde sempre, na figura batalhadora, modesta e calorosa de seus pais, Sr. Vicente e Teresa.

case: Riachuelo

O Grupo Guararapes, negócio fundado em 1947 por Nevaldo Rocha de Oliveira, no Rio Grande do Norte, tem o desafio de reunir 40 mil colaboradores em torno de um único ideal. Sua principal empresa, a varejista Riachuelo, é uma marca conhecida em todo o país. No entanto, costureiras, motoristas, vendedores, gerentes de lojas e executivos necessitam de algo que os faça enxergar o sentido do seu próprio trabalho — coletiva e individualmente. O amálgama que faltava era o Propósito. A seguir, Mauro Mariz, executivo da área de Gente e Gestão, fala como foi o trabalho de resgate do Propósito feito com a nossa empresa.

Em 2003, quando começamos a falar internamente sobre Propósito, percebemos que faltava algo maior que servisse como aglutinador, e que fosse inspiracional. Faltava algo para juntar cerca de quarenta mil colaboradores em torno de uma ideia inspiradora. Nesse período, começamos a trabalhar com uma ideia que marcou o nosso discurso, que é o "máximo global". Trata-se de um conceito usado na economia e na física, segundo o qual, para maximizar o ganho de um sistema, é preciso subordinar todos os subsistemas a esse sistema global. Assim, não é possível maximizar qualquer sistema principal se houver a maximização de cada um dos subsistemas.

case: Riachuelo

Quando pensamos em quarenta mil colaboradores e seus indicadores locais, cada um deles tem uma meta para atingir. É o caso, por exemplo, de um gerente de logística ou de loja. Ocorre que a existência de cada um dos executivos perseguindo metas nas suas áreas não garante o máximo global ou o sucesso da empresa. Essa é uma constatação econômica, não tem discussão. Pensando nisso, nos perguntamos: o que poderíamos fazer para que os executivos tivessem eficiência nas suas áreas de atuação e, ao mesmo tempo, trabalhassem pelo máximo global? A peça que faltava para que isso acontecesse era precisamente a ideia de um Propósito maior.

Foi aí que nos perguntamos qual era a razão de existir da empresa. Com a ajuda da TroianoBranding, nos perguntamos: se a Guararapes deixasse de existir naquele momento, que falta faria para o Brasil e para o mundo? Em resumo: por que o Grupo Guararapes existia?

Muito além de missão, visão e valores

há algum tempo, tínhamos feito um trabalho para definir missão, visão e valores, que ajudou a empresa durante muitos anos. Porém, passados cerca de sete anos depois desse trabalho, percebemos que precisávamos ir além. Esse despertar aconteceu de várias maneiras, a começar com a chegada de *trainees* e colaboradores, que passaram a perguntar qual era o Propósito da Guararapes. Começamos a ver em vários momentos uma necessidade de algo maior que missão, visão e valores. Era o Propósito. Tanto um Propósito capaz de aglutinar quarenta mil colaboradores, para que eles não olhassem única e simplesmente para o resultado de suas áreas, como de fazê-los trabalhar sabendo por que exerciam determinada função.

Já conhecíamos a TroianoBranding. Eles tinham trabalhado com questões de marca na Guararapes, mais especificamente na Riachuelo. Sabíamos que a Troiano tinha uma parceria com a BrightHouse. Foi quando pedi para conhecer mais a fundo o trabalho deles com o Propósito. Naquele

Origem popular: visão de Nevaldo Rocha, o fundador, valoriza a democratização da moda

momento, vimos que essa era a peça que estava faltando na empresa. O Propósito era o elemento que faltava para aglutinar as pessoas em torno de algo inspirador, capaz de nos mover e ajudar a responder a perguntas que fazíamos em relação a várias áreas. Nesse momento encomendamos esse trabalho que é quase de arqueologia, já que a companhia tinha na ocasião 65 anos. Decidimos escavar para chegar às raízes da empresa. Tivemos uma grande sorte, já que o Sr. Nevaldo Rocha de Oliveira, fundador da empresa, estava presente, e está ainda no momento deste depoimento, aos 90 anos. Também tínhamos aqui muitas pessoas da primeira geração da Guararapes, colaboradores com trinta anos de empresa que, na verdade, já tinham as respostas sobre o porquê de a companhia existir no seu discurso e no seu comportamento.

case: Riachuelo

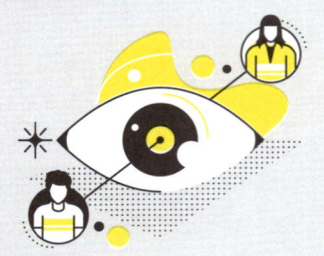

O Propósito traz uma unidade entre a visão de antigos colaboradores e <mark>recém-chegados.</mark>

O trabalho foi revelar o Propósito, e não criá-lo. Isso foi o que eu mais gostei. Não foi uma campanha de marketing para criar uma ideia que "caísse bem" e empolgasse as pessoas. Não! Por isso eu acho que, além de tudo, esse é um trabalho muito bonito e inspirador. Olhar a empresa nessa perspectiva nos permitiu revelar o que sempre esteve no nosso DNA. A empresa sempre teve o mesmo Propósito, cuja síntese é *O abraço da moda*.

Hora de escavar a própria história

foi um trabalho de muita pesquisa. Mais de duzentas pessoas foram entrevistadas, a começar pelo fundador, passando pelos membros da família, incluindo os três filhos, até a diretoria executiva, na época composta de diretores com trinta, quarenta anos de casa. Foi um trabalho de resgate da história que desembocou em questões sobre como a empresa, que na época tinha 65 anos, se comportava, quais eram seus rituais, processos decisórios, por que tínhamos ido para um lado e não para o outro. Foi muito interessante entender que o nosso Propósito não é um conceito com vida autônoma, criado por pessoas fechadas numa sala: ele se construía por meio da história da empresa. Conforme repassamos a trajetória da empresa, ficou muito claro que havia um fio condutor que sempre norteou as decisões. Foi um processo muito bonito descobrir que o Propósito sempre esteve aqui. Em 2013, revelamos o Propósito e encontramos uma maneira poderosa de comunicá-lo, mas, na verdade, ele sempre esteve na Guararapes.

Mais de duzentas pessoas foram entrevistadas individualmente. Falamos com gente de todos os escalões, desde o fundador, passando por costureiras, motoristas de caminhão, vendedores de lojas até recém-chegados. Percebemos que havia uma unidade entre a visão de pessoas que tinham bastante tempo de casa e daquelas que haviam acabado de ser contratadas, há dois, três meses no grupo. Para os recém-chegados, quando perguntávamos por que eles tinham escolhido trabalhar na Riachuelo, o interessante é que muitas vezes as pessoas tinham feito a escolha para trabalhar aqui, e não no concorrente, simplesmente por causa dos elementos que encontramos na Escavação. Esses elementos, a alma da empresa, eram profundamente conhecidos pela turma das antigas, mas, de alguma forma, talvez por causa da nossa autenticidade, também eram reconhecidos por quem acabava de chegar.

Expansão pelo Brasil: loja do Grupo Guararapes em Araçatuba, no interior de São Paulo

case: **Riachuelo**

O que foi revelado na Escavação

e ntre as coisas que estavam muito latentes na empresa, a primeira era a história das batalhas por trás do seu sucesso. Antes de ser o que é hoje, a Guararapes enfrentou muitas dificuldades. Nesse sentido, o Sr. Nevaldo tem uma história de lutas muito inspiradora como liderança. A imagem dele é muito forte. Ele nunca descansou, nunca parou de trabalhar na construção da empresa. Diz que o sucesso vem por meio do trabalho, da dedicação, de renúncias pessoais em nome da empresa. Por isso, sempre foi visto como um batalhador. À época do projeto, já um senhor com 90 anos, ia todo dia para a fábrica e, se visse um copinho de plástico no chão, ele iria se agachar, pegar e jogar no lixo. A presença dele nos lembra que, em um mercado como o varejo, precisamos estar atentos todos os dias.

O trabalho foi revelar o Propósito, e não criá-lo, tampouco foi uma ação de marketing para ter uma ideia que "caísse bem" no mercado. Dessa forma, revelou-se o que sempre esteve na empresa.

Outro pilar muito forte no Grupo Guararapes é a inclusão. O Sr. Nevaldo tem uma origem muito humilde, nasceu no interior do Rio Grande do Norte e saiu de casa porque a família não tinha como alimentar todos os filhos. Na empresa, ele sempre pensou em dar oportunidades para ajudar as pessoas a se tornarem cidadãs. Foi assim que ele próprio conseguiu sua inserção na sociedade. O Sr. Nevaldo tem grande orgulho disso e fala muito da responsabilidade da empresa sobre a família dos colaboradores.

Lojas da Riachuelo em duas épocas: ideia central da marca é a qualidade conviver com o bom preço

case: **Riachuelo**

O Propósito em palavras

O *abraço da moda* da Riachuelo foi a forma escrita de uma perspectiva muito ampla. Por isso é algo tão poderoso como Propósito. O abraço tem esse aspecto de acolher, proteger e dar oportunidade. É uma coisa muito forte para o brasileiro. Internamente, *O abraço da moda* carrega a importância de se oferecer oportunidade de trabalho para milhares de colaboradores. Quase todas as pessoas que começam a trabalhar com a gente estão no primeiro emprego. O "abraço", nesse sentido, é uma oportunidade para se chegar ao mercado de trabalho. É um abraço para dentro da empresa.

O "abraço" para fora da empresa tem a ver com dar acesso para que as pessoas se expressem por meio da moda. A moda, durante muitos anos, foi um elemento de exclusão, era sempre reservada a um grupo privilegiado que podia comprar aqueles produtos. Era um acesso que alguns tinham e outros não, o que tornava os que tinham diferentes dos outros. Desde o começo, o Sr. Nevaldo posicionou a empresa para atender quem não tinha acesso àqueles bens. Ele tinha uma forma de se dirigir ao cliente, que sempre trazia a imagem da dona Maria — "A dona Maria pode comprar? Porque, se ela não puder comprar, algo está errado. Temos que fazer mais barato, alguma coisa de diferente, para dar acesso à dona Maria...".

Um olhar de fora: o Energizador

e m uma das etapas do trabalho nós recebemos o filósofo Jean Bartoli. Foi uma tarde maravilhosa de conversa, que nos ajudou muito. Ali começamos a conversar sobre por que somos como somos. A conversa entre nós era mediada pela equipe da TroianoBranding, que trouxe vários conceitos para a discussão. Isso deu uma nova profundidade às reflexões e nos ajudou a sair de um processo mais autômato. Tornou possível enxergar que não era porque sempre fizemos a coisa de um determinado jeito que aquele jeito era o melhor. Tomamos consciência disso, primeiro de forma individual, depois com o grupo, e depois com todo o grupo frente à sociedade. Começamos a perceber que algumas coisas nos marcavam profundamente nas nossas escolhas. Entendemos que não havia nada aleatório e que existia algo que sempre norteava o nosso comportamento, as decisões no dia a dia e a forma de realizarmos algo.

OS PILARES DO PROPÓSITO

O tripé que sustenta a essência da Riachuelo

1 ÉTICA DO TRABALHO

O sucesso no varejo é uma construção coletiva e persistente de todos os dias.

2 ACESSO À MODA

Roupas bonitas e de qualidade devem estar ao alcance de todos os brasileiros.

3 BUSCA DA INCLUSÃO

O grupo acolhe e treina jovens sem formação que têm na empresa o seu primeiro trabalho.

case: Riachuelo

Enfim, o Propósito

a frase *O abraço da moda* foi apresentada numa reunião ao final do trabalho. Ela surgiu de forma aconchegante, considerando as batalhas do dia a dia. De fato, nos representava. O Sr. Nevaldo nunca deixou de valorizar as conquistas, mas também nunca deixou de mostrar a sua preocupação com os colaboradores e os clientes. Ao mesmo tempo, havia os efeitos da ascensão da classe C, ocorrida no governo Lula, quando milhões de pessoas até então excluídas passaram a consumir. Aquele era o momento de ver esse novo consumidor no mercado. Há tempos o Sr. Nevaldo comentava que uma peça era vendida na Riachuelo a R$ 19,90 e outra muito similar, nas lojas de grife nos *shoppings*, a R$ 199,90. "A gente tirou um zero da etiqueta de preço", ele dizia. Ele queria que a dona Maria pudesse comprar na Riachuelo. *O abraço da moda* era inspirador para quem estava dentro da empresa e também para o cliente que antes não podia comprar. A moda das vitrines e das novelas passou a ser possível para essas pessoas.

Terraço da loja de Ipanema, no Rio de Janeiro: espaços para experiências além da compra

Espaços da Rua
Oscar Freire, em
São Paulo (acima),
e de Ipanema, no
Rio de Janeiro:
moda democrática

case: **Riachuelo**

 *O abraço da moda* acolhe, protege e oferece oportunidade. É uma mensagem muito forte para o brasileiro."

O Propósito pelo mundo

nós conversamos com os quarenta mil colaboradores. Todos, na época, sem exceção, trabalharam em grupos pensando em como realizar o Propósito no seu dia a dia. O Propósito saiu do *Powerpoint* e foi para o cotidiano das pessoas. Não importava se era um motorista de caminhão, uma costureira, um analista contábil, um diretor ou um vendedor, o importante era pensar como exercer o Propósito todos os dias. Estávamos preocupados em dar sentido ao trabalho. As costureiras, por exemplo (eram quinze mil na época), passaram a ver os manequins com as roupas feitas por elas dentro da área onde trabalhavam. Passaram a ver o que tinham feito e como aquilo era exibido nas vitrines. Era uma forma de mostrar a importância da contribuição delas no processo como um todo.

A gente participa há anos do *ranking* das *Melhores Empresas para se Trabalhar* e, em paralelo, fazemos várias pesquisas internas de engajamento. Cresceu mais de vinte pontos percentuais o nível de engajamento dos colaboradores desde que lançamos o Propósito. Há outros fatores que contribuíram para isso, mas tenho certeza de que o fato de estarmos falando muito mais em Propósito nos últimos cinco, seis anos enriqueceu o trabalho de toda a empresa. Os indicadores internos evoluíram muito: o de acidentes com colaboradores despencou, o *turnover* caiu drasticamente, o de processo trabalhista, dramaticamente. Qualquer indicador de qualidade de gestão e satisfação dos colaboradores melhorou muito. Por isso, hoje, não há uma reunião que não comece falando do Propósito.

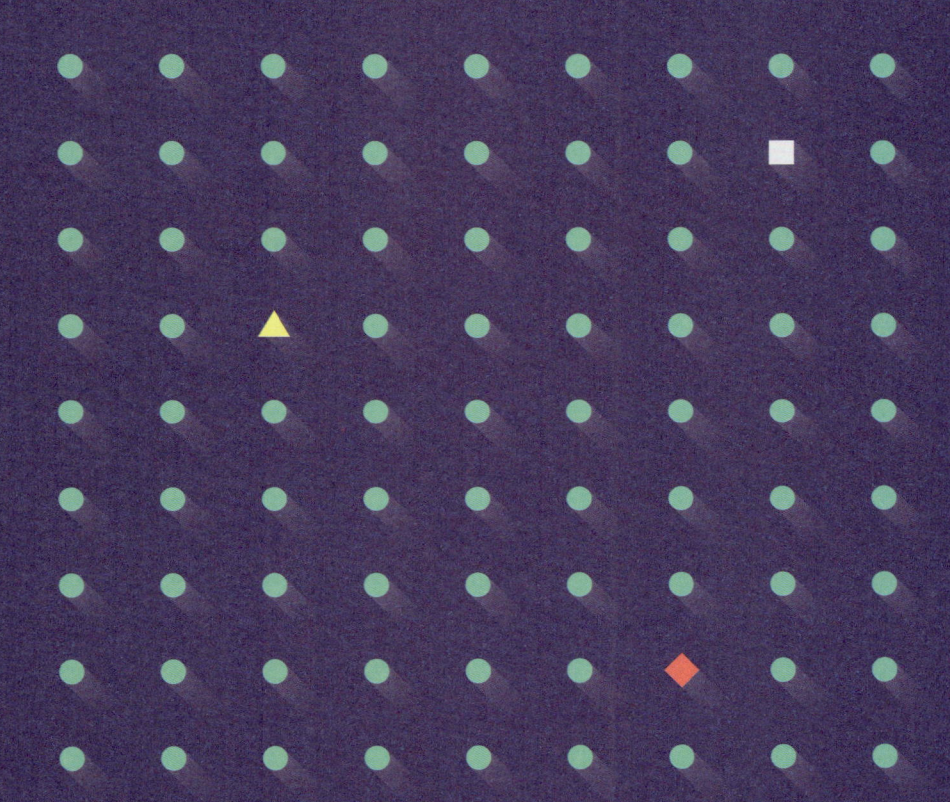

CAPÍTULO 4

Mapa dos Talentos

O caminho para identificar — e potencializar — as vocações essenciais que nos tornam únicos no mundo

Após a Escavação, é hora de se debruçar sobre o que saltou aos olhos a partir desse trabalho arqueológico. O primeiro passo é identificar suas principais vocações, seus Talentos, entender como esses se relacionam entre si tornando sua organização única. Esse é mais um passo na direção que nos leva a identificar a razão de ser da empresa, ONG, entidade pública ou mesmo de um profissional. Com o Mapa dos Talentos, temos uma das duas peças fundamentais que nos levará à identificação do Propósito.

O exercício para identificar os Talentos não se encerra em si mesmo, como se fosse um ato de mero narcisismo. Não se trata de dourar alguns aspectos de uma história para depois enquadrá-los numa bela moldura e se esquecer do seu real significado na semana seguinte, como muitas vezes acontece com a missão, a visão e os valores das organizações (muitos praticamente iguais). Com o Mapa dos Talentos, será possível dar mais um passo para unificar o discurso, as pessoas e as iniciativas, tornando a estratégia clara e potente.

O Mapa dos Talentos é uma das atividades da etapa **SOU**. É o começo do processo de lapidar o material gerado com as pesquisas e entrevistas da Escavação. Para identificar os Talentos desenvolvidos pela organização durante toda sua história, ocorre uma série de *workshops* com pessoas de diversas áreas, regiões do país e níveis hierárquicos da empresa. A varejista paulista Caedu, por exemplo, descobriu seis vocações que formavam seu Mapa dos

Talentos: "abraçamos com vontade", "respeitamos o dinheiro", "perseguimos a sustentabilidade", "vivemos com humildade", "pensamos no coletivo" e "vivemos a fraternidade". Eles podem ser divididos entre os universos racional (os três primeiros) e emocional (os três últimos). Isoladamente, os mesmos Talentos podem ser encontrados em várias empresas, mas raramente são idênticos no conjunto. Por isso, formam a base que alimentará o Propósito.

Feito esse diagnóstico, começou a ficar claro qual era a alma da empresa fundada por Vicente e Teresa de Palma, em 1975, em um bairro modesto de São Paulo. A Caedu é como a abelha que faz bem para os outros, mas, apesar disso, não tem nada de boba. Poliniza, dissemina, não é egoísta. É feminina, trabalhadora e colaborativa. Foi sobre esse autoconhecimento que os herdeiros da marca, hoje capitaneados por Leninha de Palma, definiram a identidade da empresa e construíram um ambicioso plano de expansão que em 2019 previa a abertura de 45 novas lojas.

Os Talentos dizem muito sobre quem nós somos, o nosso "eu corporativo". No entanto, eles são retratos parciais e só fazem sentido no conjunto.

O QUE SÃO OS TALENTOS?

- O que a marca tem de **único**
- O que **não costumamos ver** em outro lugar
- O que a **destaca** na sua área de negócio
- O que traz **sentido e orgulho**

A Aegea, empresa privada de saneamento básico e distribuição de água com atuação em onze estados e 49 municípios, atendendo cinco milhões de pessoas, é outro caso cujo Mapa dos Talentos traz uma clara visão do que a empresa tem de melhor. Por meio de pesquisas, visitas etnográficas e entrevistas com mais de quinhentas pessoas, encontramos o que faz dela uma companhia única no seu segmento. Identificar os pontos fortes em negócios espalhados pelo país foi um passo para garantir unidade ao negócio, o que era fundamental tanto na motivação dos colaboradores como no discurso apresentado aos diversos *stakeholders*.

O MAPA DE TALENTOS DA AEGEA

5 MILHÕES
DE PESSOAS
ATENDIDAS

EM 11 ESTADOS
BRASILEIROS

MESTRE EM "BRASICIDADES"

Respeita e entende os diversos "Brasis" em seus contextos geográficos. Compreende que cada cidade tem sua particularidade na distribuição de água e saneamento. Frente à cultura de cada região, atua de forma adaptável.

AGENTES DA DIGNIDADE

A Aegea é parte da iniciativa privada que trabalha pela dignidade dos brasileiros. Busca integrar cidadãos à sociedade por meio do compromisso com o acesso à água potável e às redes de esgoto. Na base disso, há um reconhecimento de que todos devem ser vistos como iguais em seus direitos essenciais.

ENGENHEIROS DA ORDEM

Cria sistemas que abastecem e cuidam de toda uma cidade, incluindo a célula familiar, comercial ou industrial. Prima pelo modelo sustentável, garantindo que a água limpa tenha seu caminho até o copo, e a água suja não polua os rios e outras fontes.

PROFISSIONAIS ALÉM DA CONTA

Cumprimento de contratos e prestação de contas são requisitos básicos, mas a preocupação da Aegea vai além de clientes e funcionários: alcança a comunidade. Procura não apenas trazer melhorias na saúde, mas também contribuir na formação de cidadãos mais conscientes e ativos em relação ao meio ambiente.

EMBAIXADORES DA SAÚDE

Tratar da água e garantir o ciclo sustentável é uma importante missão, que necessita de embaixadores. A Aegea se preocupa não apenas com a qualidade da água, mas também com seu ciclo natural. Essa conscientização é crucial para o nosso presente, mas é ainda mais importante para garantir o futuro.

O QUE FORMA O SEU "EU CORPORATIVO?"

Responda às questões a seguir, peça para os seus colegas fazerem o mesmo e depois discuta os resultados.

Liste os principais fatos descobertos no processo de Escavação

Aponte os valores indicados por seus superiores, pares e colaboradores

---

Elenque os Talentos essenciais da organização onde você trabalha

Por que o conjunto de Talentos faz sua organização única?

case: Instituto Avon

Fundada em 1886, a Avon é uma gigante do setor de cosméticos. A empresa nasceu nos EUA e tem no Brasil o seu maior mercado. O Instituto Avon nasceu do interesse da empresa em defender causas femininas. A primeira delas foi o combate ao câncer de mama e, logo em seguida, o instituto adotou o combate à violência contra mulheres e meninas. Ao pisar em terreno minado, sentiu que precisava de ajuda. "A marca tinha o compromisso de enfrentar dois dos desafios mais prementes para as mulheres", diz Daniela Marques Grelin, diretora executiva do Instituto Avon. A seguir, ela fala como o Propósito serviu aos anseios da marca.

A Avon tem uma história de mais de 130 anos e sempre se definiu como um movimento pelo empoderamento da mulher. Quando eu cheguei à empresa, em 2016, o Instituto Avon tinha treze anos e um reconhecido histórico como investidor social privado. Ocorre que o Instituto tinha nascido em um outro momento da história. À medida que as ambições e o tom de voz da mulher foram mudando, o Instituto também precisou mudar. E isso deveria ser feito por intermédio do nosso Propósito, que concretiza a proposta de valor da Avon. O Instituto tinha um lastro de projetos fantástico, mas a marca, sua *persona* e sua forma de se expressar estavam datadas. A identidade visual do Instituto trazia uma bailarina, uma imagem da delicadeza, que não representava mais a atitude e a coragem da mulher da atualidade. Era preciso algo mais ambicioso, impactante e inclusivo. Foi aí que pensamos em fazer um resgate do Propósito.

Coragem para a mudança

q uando o Instituto Avon nasceu, a sua única causa era o combate ao câncer de mama, que é a doença oncológica que mais mata mulheres no mundo. A nossa visão de transformação social era concentrada nessa doença que mutila a vida de muitas mulheres. Por isso mesmo, de forma geral, podemos dizer que essa é uma causa que sofre pouca rejeição. Ou seja, quando há uma campanha pelo diagnóstico precoce, ninguém vai ser contra, todo mundo estará a favor. Existe quem pense que essa não é uma causa lá muito relevante, porém não há rejeição em torno dela. O fato relevante aqui é que essa doença não é criada pelo ser humano: é um problema de saúde multifatorial que acaba sendo atribuído, no imaginário das pessoas, ao imponderável. Por isso, o câncer de mama causa tristeza e crises de autoestima e tem impacto severo na família, mas não causa indignação.

Em 2009, antes de qualquer marca, a Avon abraçou também a causa da violência contra mulheres e meninas. A violência contra a mulher se repete, é persistente e perversa exatamente porque prolifera na invisibilidade. Um dos aspectos mais graves deste problema é que, devido ao fato de ser tão naturalizada, essa violência muitas vezes não é sequer vista. Geralmente, os atos de agressão contra a mulher ficam circunscritos ao lar: 70% dos atos violentos contra a mulher ocorrem dentro de casa, por isso a casa é

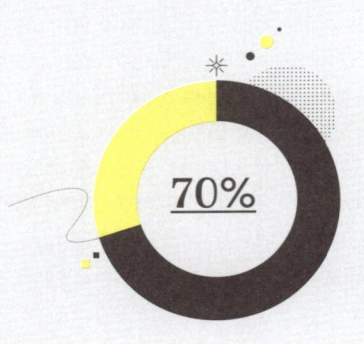

70% dos atos violentos contra a mulher ocorrem dentro de casa, por isso a casa é o lugar onde ela corre mais risco. O tom de voz e a linguagem visual do Instituto Avon não refletiam a coragem que está na essência desse enfrentamento.

o lugar onde ela corre mais riscos. No passado, o nosso tom de voz e a nossa linguagem visual não refletiam a coragem que está na essência desse enfrentamento encampado pela marca. Ao reconhecermos o desejo de ter uma plataforma que representasse o protagonismo da mulher e a nossa coragem, entendemos que era preciso nos voltarmos para dentro.

Uma questão de marca

hoje, quando pensamos no universo das marcas, dificilmente há interesse em abraçar uma questão dura, cruel, que ninguém quer ver. Quando as empresas fazem gestão de marcas, geralmente buscam um tópico que transfira prestígio para si, como ocorre, por exemplo, no patrocínio olímpico. Nesse caso, as marcas pagam milhões para se unir àqueles anéis olímpicos, que representam o amor ao jogo, a esportividade e outros valores que só transferem ativos para os patrocinadores. Agora, quando a associação é feita a algo duro e que ninguém quer ver, aí está uma decisão corajosa. Nós do Instituto Avon fizemos isso porque é importante para a mulher. Jogamos luz sobre o que ninguém quer ver.

O contato com a TroianoBranding

foi nesse momento que falamos com Cecília Troiano. Ela tem livros publicados sobre os desafios da mulher, tema que está próximo do coração dela desde sempre. Como já trazia uma profunda compreensão do universo feminino, nós nem precisamos explicar nada para ela. Cecília tinha ao mesmo tempo a sensibilidade com o tema e a *expertise* com Propósito. Nosso projeto começou em 2017 e teve muitos desdobramentos. Esse é um trabalho que, ao ver hoje a nossa identidade visual e o nosso novo logo, me traz muita felicidade. A TroianoBranding nos ajudou a reviver a nossa essência e conseguiu traduzi-la em uma marca. Esta é, ao mesmo tempo, impactante e demonstra conhecimento, sem ser professoral. Isso é importante para a causa da violência contra a mulher.

<mark>*ca*</mark>*se*: Instituto Avon

Daniela Grelin, diretora do Instituto Avon (à esq.), em evento para disseminar informações sobre câncer de mama

O tom de voz ideal

n ós temos certa autoridade sobre as questões femininas, geramos muita pesquisa e conhecimento a respeito desse assunto. Mas, quando falamos de ser humano para ser humano, essa autoridade tem de dar lugar à sensibilidade. Por exemplo: quando falamos com uma mulher que é vítima de violência, sabemos que existe uma cartilha sobre o que ela deve fazer, que o silêncio vai prejudicá-la e que parte da libertação passa por uma jornada de reconhecimento e denúncia. Mas não adianta apenas passar essa informação. O que eu não sei é se ela é dependente financeiramente de alguém, quem cuida dos filhos, se ela corre risco de vida... só a vítima sabe. Daí a importância de transformar o que a gente conhece em sensibilidade e humildade para ouvir e não desistir dessa mulher.

Pensando em tudo isso, existia a necessidade de refletir a autoridade e o pioneirismo da marca sobre o tema e, ao mesmo tempo, a capacidade

O Propósito do Instituto Avon traz para o centro coisas que ==são importantes para a mulher== — coisas urgentes e prementes das quais depende a sua capacidade de sair em busca da realização de sonhos e de viver bem.

de acolher e de ser democrática. Sobre a importância de ser democrático, eu costumo lembrar de um evento com mulheres imigrantes, algumas delas vítimas de tráfico de pessoas, que vieram para o Brasil enganadas, achando que seriam empregadas e receberiam em dólar. Elas desembarcam sem falar português e sofrem uma nova onda de violência: são submetidas a agressões em casa e trabalham em situações análogas à escravidão. Quando vão à delegacia fazer uma denúncia, ouvem que deveriam voltar para o seu país. Frente a realidades desse tipo, tenho que falar com públicos muito distintos, por exemplo, ONU Mulheres, promotoras, juízas, empresárias, imigrantes etc.

O nosso desafio era transmitir esses atributos que são tão claros no trabalho que a gente faz — coragem, humildade, conhecimento e acolhimento — para a marca do Instituto Avon. É um equilíbrio delicado. Lidamos com questões muito duras e, se mostrarmos tudo logo de cara, as pessoas desviam o olhar. De toda forma, o Propósito traz para o centro da nossa atividade coisas prementes para a mulher — desafios que impactam a sua capacidade de sair pelo mundo em busca da realização de sonhos e de viver bem. Com isso, trazemos na nossa essência a proposta de um novo contrato social, um contrato no qual esteja embutido um novo "trato" com a mulher.

A marca como poder

==O== trabalho com a TroianoBranding traz clareza, e clareza é poder. A marca estava desatualizada, nos impedindo de capitalizar o nosso potencial da melhor forma possível. Quando discutimos quem nós éramos e quem nós queríamos ser, iniciou-se um processo muito revelador. Ao falar

case: Instituto Avon

A sabedoria e a beleza do trabalho feito com o Instituto Avon se revelaram na capacidade de transferir o nosso equilíbrio de interesses para a marca. O meu público é tão grande quanto o universo feminino e o nosso objetivo era criar uma marca com a qual toda mulher pudesse se sentir representada."

sobre quem nós desejávamos ser, surgia sempre a figura de um animal, uma abelha, que constrói comunidades, é laboriosa e realizadora. Mas, na prática, a marca mostrava algo como um labrador fofinho, abanando o rabo, bem amistoso. De fato, o Instituto Avon tem que ser amistoso e humano para encorajar o diálogo, pois é o diálogo que transforma. Mas não poderíamos ser fofos, porque há momentos em que temos que chamar as coisas pelo nome: violência é violência. Nomear o inimigo já é uma forma de reconhecer que há um problema. Não é possível lutar contra um problema que não se consegue enxergar. Por outro lado, não podemos ter um tom afugentador. A nossa marca hoje traz esse equilíbrio.

O Propósito guia o *storytelling*

O machismo que aprisiona mulheres também aprisiona os homens. Queremos que eles enxerguem que a emancipação das mulheres também os liberta para cuidar da própria saúde, serem pais ativos, entre outras coisas. A sabedoria e a beleza do trabalho feito no Instituto Avon se revelaram na delicadeza capaz de transferir o nosso equilíbrio de

Painel do *Fale Sem Medo*, evento do Instituto Avon para a conscientização da violência contra as mulheres

interesses para o cerne da nossa marca. Não é uma tarefa simples, já que o meu público imediato é tão grande quanto o universo feminino. O objetivo era criar uma marca na qual toda mulher se sentisse representada. E não apenas elas, já que também queremos falar com os homens. Não seria possível conseguir essa pluralidade com uma campanha "lacradora" que chamasse os homens de machistas. Era um imenso desafio.

Outro ponto relevante captado pela consultoria é que a Avon tem abraçado temas que não são passivos de imagem da marca: nossa atividade não causa câncer de mama nem violência. Optamos por falar das coisas importantes para a mulher porque eu quero que ela olhe para a marca, se

case: Instituto Avon

Foi muito bom trocar ideias com Cecília Troiano, a nossa principal interlocutora nesse processo. Ela é uma pessoa que está nessa jornada há muito tempo e paira acima de modismos e radicalismos. Tem um nível de sabedoria, talento e *expertise* que nos permitiu chegar a uma solução que fosse impactante e inclusiva."

sinta representada e diga: "Prefiro fazer negócios com a Avon". É uma lógica de representatividade e relevância em um cenário de transformação social. Ao refletir o Propósito, nossa marca vira um motor da mudança.

O trabalho com as marcas é um trabalho de longo prazo. Ele é tão bem sucedido quanto a capacidade de se manter relevante ao longo do tempo. Não é algo simples de se fazer. Podemos pensar que é razoavelmente fácil dar lucro no curto prazo, assim como é fácil ter quinze minutos de fama, como dizia Andy Warhol. O grande desafio é ser relevante para um grupo tão amplo e diverso de mulheres durante tantos anos. Outro desafio está no fato de a construção de uma marca forte passar pela clareza, relevância e consistência, mas também pela sua diferenciação. Hoje, as causas identitárias foram abraçadas por muitas e muitas marcas. A TroianoBranding entendeu que esse é um território em que a Avon lidera. E isso é diferente de buscar, via publicidade, ter apenas muitos seguidores. Nesse sentido, a marca tem que ser coerente com o Propósito e o lastro dos projetos. Somos sempre *storydoers* antes de ser *storytellers*. Isso é o que diferencia o *social washing* do comprometimento genuíno.

CAPÍTULO 5

Os Energizadores

Como explorar a potência
do Propósito com a ajuda da
arqueologia, da psicologia,
da filosofia e da história

Após uma imersão na história e nas virtudes
(ou Talentos) de uma organização, eis que surge
o momento de nos distanciarmos do microcosmo
particular e das questões práticas que nos ocupam no
dia a dia. Sim, depois de perscrutarmos as profundezas
de uma marca, a etapa seguinte do nosso trabalho
de desvelar o Propósito volta-se para uma perspectiva
externa — leia-se, sem identificação imediata com
o produto ou serviço da empresa, seus colaboradores,
clientes ou sistema de valores. É quando entra
em cena o nosso time de Energizadores.

t rata-se de um grupo heterogêneo: psicólogos, filósofos, sociólogos, historiadores, nutricionistas, estilistas, atletas, escritores e artistas. Eles atuam com uma visão transversal e nos ajudam a enxergar as dinâmicas latentes do mundo, sobretudo aquelas que os nossos Talentos podem solucionar. Os Energizadores não possuem qualquer compromisso com a empresa e não conhecem o setor do qual ela faz parte. São curiosos em terra estranha. Com a ajuda deles, as marcas vislumbram nuances desconhecidas na interação com os públicos. Ao trazer perguntas inusitadas e bagunçar as certezas, nos levam a rever conceitos e aprofundar a consciência sobre o nosso lugar no imaginário coletivo.

Não raro, o encontro com os Energizadores gera momentos de epifania, encantamento ou estranhamento — sinais de que estamos olhando algo pela primeira vez. Ou, dito de maneira simples e direta pelo escritor Nelson Rodrigues: "Em futebol, o pior cego é o que só vê a bola". A seguir, a psicóloga junguiana Claudia M. Gadotti, o filósofo Jean Bartoli e o doutor em administração Fernando Jucá falam das suas experiências ao auxiliar organizações em busca de uma maior compreensão do seu Propósito.

CLAUDIA M. GADOTTI

ANALISTA JUNGUIANA

" Toda marca remete a um símbolo. No meu trabalho como Energizadora, faço um questionamento sobre esse símbolo. Nesse sentido, é algo muito parecido com o que eu faço no consultório e nas minhas aulas de psicologia: partir de um símbolo e ampliá-lo na cultura, na religião e na psique ou em outros universos que não o corporativo. Isso permite desdobramentos. Meu papel sempre foi fazer essa ponte do concreto para o simbólico, ampliando o símbolo nas suas mais diversas possibilidades."

MEIO *BRAINSTORMING*, MEIO ALQUIMIA

É como um *brainstorming*. A gente joga com um monte de ideias, mas depois é preciso fazer uma seleção. Parece também com o processo de alquimia: as coisas evaporam, mas depois precisam sedimentar e coagular novamente, e a coagulação deve fazer algum sentido.

O ARQUÉTIPO DA MARCA

A ideia subjacente a toda essa discussão é o conceito do arquétipo. O arquétipo é uma ideia comum a todos nós, é inconsciente e faz parte da humanidade. Quando falamos de símbolo, estamos nos referindo a arquétipo, que significa "tipo arcaico", portanto antigo na psique humana. É isso que tentamos levantar, pois é o que cria uma via de comunicação. Quando uma marca tenta comunicar algo, ela consegue fazer sentido para o outro ao tocar no ponto em que os humanos são iguais. A linguagem arquetípica é a mais acessível e permite alcançar o outro.

A MARCA EM TERAPIA

Ao serem provocadas no consultório, as pessoas habituadas a uma dinâmica corporativa vivem certo deslumbramento com a exploração do inconsciente. Quando falamos de um símbolo e das ampliações em torno dele, falamos de uma ampliação inconsciente, pois essas imagens não estão aqui e agora. Quando falo "girafa", por exemplo, existe o animal que nós conhecemos, mas, quando damos voltas em torno da imagem, começamos a escavar o inconsciente. A viagem é essa: despertar as ideias inconscientes por detrás de um símbolo. Algo como partir da girafa e chegar à ideia de algo materno, forte na comunicação e no acolhimento.

O *CASE* DO GIRAFFAS

No caso do Giraffas, fizemos desdobramentos do que significava o animal girafa — tanto no plano biológico como no plano social, pensando na vida dela na selva, até chegar a um plano simbólico. Foi quando pensamos no lugar da girafa no imaginário coletivo. O trabalho que fizemos com a marca não é muito diferente do trabalho que eu faço com os sonhos dos meus pacientes. O paciente traz uma imagem surgida no seu inconsciente por meio de um sonho e nós dois, juntos, amplificamos essa imagem. Em seguida, investigamos os sentidos, as lembranças e os sentimentos despertados por ela.

JEAN BARTOLI

FILÓSOFO E EX-PADRE DOMINICANO

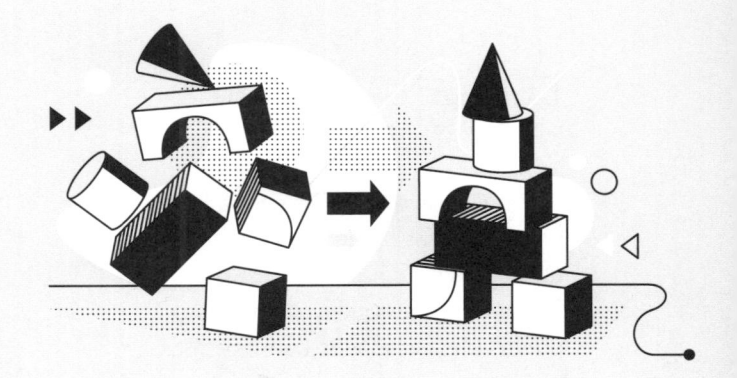

" Minha abordagem é filosófica. Para mim, filosofar é ir um pouco mais longe que a ponta do nariz nas formulações habituais. Toda área corporativa tem uma linguagem mais ou menos técnica. Meu trabalho busca bagunçar isso. As pessoas falam de uma concepção de ética, por exemplo, mas eu tento provocá-las a pensar o que querem dizer com isso. Em outras palavras, a passar do conceito para o verbo. O conceito é fácil, discutir o verbo é mais complicado, já que implica algum tipo de ação."

O INTANGÍVEL REAL

Um dia um executivo falou em um evento: "Ah, mas isso que você está dizendo não se aplica ao mundo real. No mundo real nós temos exigências, como a rentabilidade". O problema desta afirmação é pensar que apenas o tangível é real, enquanto o intangível também é. Por exemplo: uma amizade é intangível e real. Nesse sentido, o real não é simplesmente o número, e o qualitativo é tão real quanto o quantitativo. Quando a TroianoBranding trabalha com o Propósito, a princípio, o intangível é muito mais real que qualquer resultado financeiro, embora este acabe surgindo como uma consequência.

O *CASE* DOS JESUÍTAS

Eles são tipos muito particulares: estão preocupados com as raízes, mas também com a contemporaneidade, por isso buscaram trabalhar com o Propósito. Os jesuítas passam por doze anos de formação. São muito diferentes dos dominicanos, por exemplo, que foram formados na Idade Média. A ordem jesuíta foi criada no século XVI por Ignácio de Loyola (1491-1556), um militar. Eles seriam como as forças especiais do Exército: formados para viver sozinhos em um ambiente adverso e, apesar disso, transmitir o seu recado. E não é só um recado religioso — é uma presença. Ao longo do trabalho como Energizador eu insisti muito nesse ponto. É por isso que cada jesuíta é diferente do outro, não há dois parecidos. Isso é encorajado. Ao mesmo tempo, eles têm forte formação intelectual e espiritualidade, o que faz com que consigam ser íntegros.

FERNANDO JUCÁ

DOUTOR EM ADMINISTRAÇÃO

> Cecília e Jaime Troiano sabem fazer as organizações entenderem que, como diz uma frase, "quem não voa é medíocre, mas quem não aterrissa é poeta". Mesmo lidando com assuntos abstratos, os clientes deles enxergam que o objetivo, entre outras coisas, é buscar resultados financeiros sustentáveis. Meu papel como Energizador passa por auxiliá-los nessas provocações."

UM QUÊ DE ARQUEOLOGIA

Sempre me entusiasmou o fato de o verbo-chave ligado ao tema do Propósito ser "desvelar", que quer dizer tirar o véu, mostrar o que estava coberto. Quando faço um trabalho como Energizador, não estou criando algo ou construindo um mero truque publicitário, mas desvelando o que ficou coberto por engano, entropia, descaso ou força da vida corporativa. Nesse sentido, meu trabalho é ajudar a desvelar o que ficou coberto por um tempo e é a razão de ser, o sentido original — e inspirador — de uma empresa. A metáfora mais bem acabada para essa experiência é a do arqueólogo. Me sinto como alguém que ajuda a tirar a areia de cima de algo precioso com instrumentos muito sensíveis e precisos.

NEM POETA, NEM MEDÍOCRE

Nossa atuação nessas situações mais heterodoxas permite acabar com a ideia do "ou". Ao nos encontrarmos com as organizações em busca de um sentido maior para a sua atividade, encerramos o falso dilema entre Propósito ou bons resultados financeiros. A **ROTA DO SOUL** é um processo muito habilidoso ao mostrar que essa reflexão é importante para se alcançar lucros de forma continuada. Portanto, não é "ou" — é "isso" nos levando "àquilo". Essa postura é muito importante, pois tranquiliza as empresas.

case: Giraffas

O Giraffas é uma das maiores redes de *fast food* do Brasil, com mais de quatrocentas unidades espalhadas pelo país. Diante do desafio de levar coesão à marca, os líderes da empresa iniciaram um trabalho para desvelar o seu Propósito e encontrar um caminho que pudesse ser seguido por todos. Em 2019, o resultado do processo de resgate da essência da empresa, sintetizado pela agência Peppery com o posicionamento *A vida é um prato cheio*, foi apresentado a franqueados e colaboradores espalhados pelo país. "Eles viram um norte", diz Luciana Morais, diretora de marketing do Giraffas. A seguir, ela fala como o Propósito ajudou as lideranças a iluminar o caminho para o futuro da rede.

Qual a sua experiência no Giraffas?

Sou sócia da empresa. Na minha primeira fase como executiva, fui diretora de marketing da rede de 2004 a 2013. Saí da direção para o conselho de administração. Em 2016, Carlos Guerra, que também é sócio do Giraffas, voltou a ser CEO do negócio após um período fora da operação. Ao reassumir, ele me chamou de volta. Era um baita desafio. Eu voltei como diretora de marketing e tomei um choque muito grande. Tinha deixado uma marca consolidada, com uma história que vinha sendo construída, mas que fora interrompida.

case: **Giraffas**

O que exatamente você encontrou ao voltar para o dia a dia?

Encontrei a marca esfacelada. Cada campanha era feita de um jeito. Não havia consistência. Mas, antes de fazer qualquer coisa mais ambiciosa, seria preciso apagar um incêndio. Passei parte de 2016 e 2017 tentando convencer os meus pares de que o Propósito era muito importante para a virada que a empresa precisava dar. Esse entendimento de quem a gente é, onde a gente está, para saber para onde a gente vai, era essencial.

Giraffas: o reencontro com a própria essência

Qual era a reação na empresa?

Os meus pares diziam: "Ah, não, lá vem ela de novo com aquele papo de missão, visão e valores". Eu falava: "Não, gente! É muito mais que isso". Mas aí me faltava conhecer mais para poder convencê-los. Fui mergulhar um pouco nesses conceitos para entender o que a gente realmente precisava. Eu de fato me perguntava se o que precisávamos era uma revisão de missão, visão e valores. Mas isso nós já tínhamos.

Onde estavam os maiores desafios?

Não existia um fio condutor para as decisões das campanhas, o tom de voz da marca e as ações relacionadas aos produtos. RH, marketing, treinamento, cada um tratava a marca de uma forma diferente. Cada campanha tinha uma cara. O mesmo ocorria com os cardápios e o material de ponto de venda. Ninguém se entendia. E eu não estou falando só de identidade visual, porque marca é muito mais que isso. Estava tudo em pedaços e eu precisava de uma cola para juntar tudo. Eu sentia que era um trabalho de dentro para fora, mas eu precisava de alguém para me orientar.

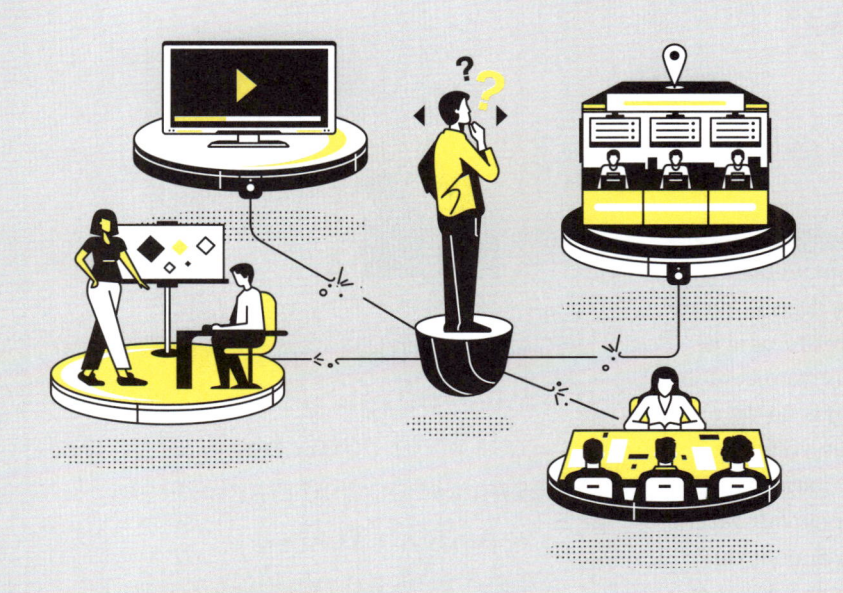

Cada área trabalhava a marca de um jeito. RH, marketing e treinamento ==agiam de forma independente== em relação aos outros. O mesmo acontecia com os cardápios e o material de ponto de venda. Ninguém se entendia.

Por onde começou?

Passei por um périplo. Fui pesquisar que tipo de consultoria poderia nos ajudar nisso. Passei por várias. Consultei no mínimo cinco e cheguei perto de fechar com uma delas. Estávamos com o contrato quase fechado, daí eu senti uma coisa muito financeira dominando a história. Uma coisa meio pesada. Pensei que não era essa energia que eu queria. Precisava de alguém muito apaixonado pelo que faz, porque é assim que nós somos. Eu precisava de uma empresa que tivesse a ver com o Giraffas. A essa altura eu já tinha ouvido falar do trabalho da TroianoBranding por causa de um livro do Jaime Troiano que eu tinha lido em 2014: *Marcas no divã*. Li o livro e gostei da visão dele, era muito interessante. Coincidentemente, no começo de 2018, diante da necessidade de dar uma resposta aos nossos problemas, decidi fazer um curso. Na época, soube de um curso de *branding* do Jaime e da Cecília Troiano. Infelizmente, acabei não conseguindo fazê-lo por causa de uma viagem. Pouco depois, falei com a nossa agência de comunicação sobre a necessidade de buscar possíveis soluções para o nosso problema. Não dava para ficar como estava. O Giraffas precisava de uma mudança profunda, que só seria possível de dentro para fora.

case: Giraffas

Qual foi o resultado?

A nossa agência de comunicação trouxe a TroianoBranding para uma reunião e foi amor à primeira vista. Depois de passar por diversas empresas, pequenas e grandes, senti no primeiro contato com eles que tinha os donos no dia a dia do negócio. Isso faz uma diferença enorme para nós. Cecília, Jaime e a equipe são apaixonados pelo que fazem. Sou uma apaixonada que encontrou apaixonados. E eles mergulharam com toda essa paixão em um projeto muito importante para o Giraffas. Quando nos encontramos, deu certo na hora. Foi assim por causa da proposta que eles trouxeram, da honestidade com que eles falam das coisas e de uma certa simplicidade em tratar de *branding* ou de Propósito. Quando tratamos desses temas, a conversa pode ser muito etérea, as pessoas têm dificuldade, mas a consultoria os traz de forma palatável e acessível para qualquer um, sem, no entanto, diminuir a complexidade. Eles mostram como isso tem a ver com coisas concretas, que vão trazer benefícios reais e tangíveis ao negócio, como melhorias nos resultados financeiros. A partir daí, foi fácil e muito bom.

A consultoria nos mostrou que o Propósito tem a ver com coisas concretas, que trazem benefícios reais e tangíveis ao negócio, como maiores lucros".

O que pode dizer sobre o processo de trabalho?

Iniciamos o trabalho com eles na metade de 2018. Na conversa, eu fui entendendo que sabia o que procurava, mas não sabia dizê-lo exatamente. Ao falar com eles, ficou claro para mim do que se tratava. Eu pensava: "Vocês falam a mesma língua que eu. É tão fácil falar com quem te entende!..." A partir daí, eles apresentaram uma metodologia que caiu como uma luva para o Giraffas. Em seguida, fizeram um mergulho com a equipe interna para saber o que cada um pensava. Como eu disse, cada um de nós pensava uma coisa, e nenhuma delas estava errada. O problema é que a gente precisava juntar essas ideias e formalizá-las à luz do Propósito. A essência da empresa funcionou como uma cola que ajudou a unir todo mundo em torno de uma mesma ideia. Com o método da **ROTA DO SOUL**, hoje, qualquer pessoa do Giraffas pode falar com propriedade qual é o nosso Propósito e como ele ilumina o nosso caminho.

O mais importante foi saber que o ==Propósito já estava no Giraffas== — as pessoas é que não sabiam. Quando a equipe o descobriu, pôde pegar esse tesouro e lapidá-lo, usando-o para uma série de decisões.

==Como foi o resgate do Propósito do Giraffas?==

No primeiro diagnóstico surgiu uma constatação: cada um tinha uma ideia diferente do que era a marca Giraffas. Estava tudo muito fragmentado. Com os franqueados mais antigos também apareceu algo sobre a marca já ter sido muito relevante no passado recente. Havia uma certa dor, como se tivéssemos perdido alguma coisa com o passar do tempo. Chamava a atenção o fato de sermos uma empresa de pessoas muito próximas, um negócio familiar. O Giraffas é uma empresa familiar mesmo, com pais, filhos e toda essa mistura. Coisas assim foram aparecendo durante o mergulho.

Eram coisas boas. Ficamos contentes ao ver que a percepção de quem estava à frente era sobretudo positiva. Mas era preciso organização. Mais uma vez: cada um tinha uma visão diferente.

O mais importante foi saber que o Propósito já estava aqui — nós é que não sabíamos. Quando a gente o descobre, pode pegar esse tesouro e lapidá-lo, e isso serve imediatamente para uma série de decisões — no RH e em treinamento, para ficar em dois exemplos. Enfim, constatei: precisava ter como explicar ao meu colaborador quem era o Giraffas, qual era o objetivo de cada um. Não adiantava simplesmente falar que a pessoa está lá só para fritar o hambúrguer...

case: **Giraffas**

O passo seguinte foi a descoberta dos nossos Talentos. Apareceu na pesquisa que um valor do nosso trabalho é que servimos uma comida com um sabor "de casa". Também se falou sobre a marca "trazer o plural do Brasil" e "o prato gostoso que cabe no bolso".

O que surgiu em seguida?

Tudo isso carregava certa leveza, uma rapidez no entendimento e na solução das necessidades, algo que a gente sempre teve nas relações com franqueados, colaboradores e fornecedores. Outra coisa que surgiu foi a paixão pela comida, o que seria até estranho se não houvesse. Ficou muito claro, tanto interna como externamente, que a gente tinha na nossa história — e nas lideranças — uma paixão permeando tudo o que a gente faz. Isso se estende à forma como servimos comida. Por fim, tudo isso foi se materializando no nosso Mapa dos Talentos. Estava tudo aqui, mas a gente não conseguia enxergar, sequer víamos como Talentos. Quando juntamos as nossas vocações, aí, respirei fundo e pensei: "Que bom. Eu me vejo aqui. Consigo ter certeza de que, com esses Talentos, eu seria capaz de ir adiante e fazer melhor o que eu faço hoje". Fiquei bem confortável com tudo o que surgiu no Mapa dos Talentos.

Unidade do Giraffas: Propósito trouxe unidade para o negócio

OS PILARES DO PROPÓSITO

O que há por traz de *O prato gostoso que cabe no bolso*

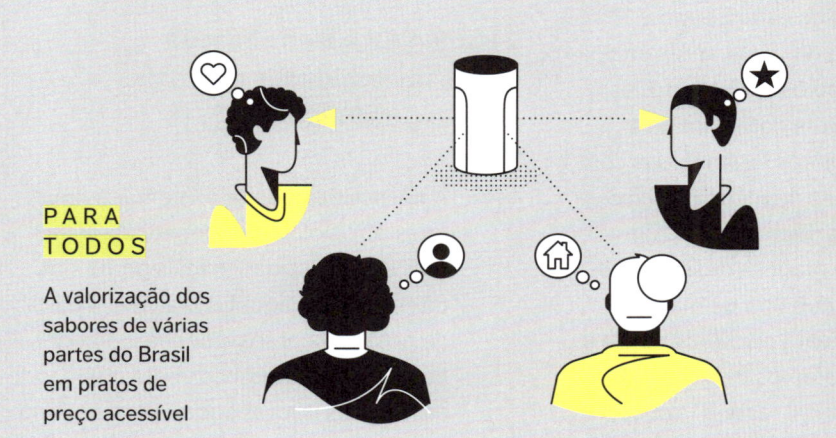

ACOLHIMENTO

A comida alimenta de várias formas, pois também traz proteção, cuidado e confiança

PARA TODOS

A valorização dos sabores de várias partes do Brasil em pratos de preço acessível

SABOR DE CASA

As refeições trazem ingredientes do dia a dia brasileiro. O sabor caseiro é que dá o tom

Qual o destino de todo esse material?

Fui muito cobrada internamente. As pessoas falavam: "Olha, Luciana, por favor não traga mais uma frase bonita para colocarmos em uma plaquinha". Isso não podia acontecer de jeito nenhum, mas eu tinha certeza de que íamos sair desse mergulho muito mais fortes e unidos. Outro ponto importante é que era preciso evitar a velha armadilha do belo planejamento que acaba morrendo na execução. Por isso, temos que ser muito verdadeiros em cada detalhe. Essa tem sido uma busca permanente para os líderes que participaram do processo.

Concluímos nosso projeto com a TroianoBranding em outubro de 2018. Quer dizer, iniciamos, né? Porque, a partir do que construímos — Mapa dos Talentos, Necessidades do Mundo, Propósito, Manifesto —, iniciamos outro trabalho. Apresentamos o resultado dessa iniciativa em encontros regionais para tratar de resultados e de perspectivas para o futuro com franqueados e colaboradores de cinco regiões. A recepção deles foi maravilhosa. Foi muito poderoso, um teste de fogo. Se o franqueado visse o nosso

case: Giraffas

Propósito como algo estéril, seria muito ruim. Mas tudo o que apresentamos gerou emoção e fez sentido. Eles gostaram e viram um norte, um guia.

Os passos seguintes foram dados com o pessoal das áreas de recursos humanos e treinamento. Identificamos necessidades muito práticas dessas duas áreas para saber que tipo de material poderíamos criar para ajudá-los no dia a dia. É nisso que estamos trabalhando. O nosso maior desafio é fazer o Propósito chegar na ponta, naquele colaborador que está preparando o arroz e o feijão.

Como foi a identificação das necessidades atendidas pelo Giraffas?

A necessidade de se alimentar é uma questão fisiológica e conhecida. Falamos de necessidades mais profundas da sociedade, aquelas que nós, a partir de nossos Talentos, podemos atender. Eu posso ter um concorrente atendendo as mesmas necessidades, mas, quando olhamos para o conjunto de nossos Talentos, isso torna a nossa empre-

Fachada de uma das mais de quatrocentas unidades do Giraffas: Propósito é o norte da comunicação

sa única. O concorrente jamais terá todos elementos do *mix* que compõe o Giraffas. Daí a importância de saber as necessidades que só nós podemos atender. Quando a consultoria nos apresentou esse tema, eu falei: "Mas poderia ser qualquer necessidade". Jaime falou: "São *essas* que *vocês* podem suprir na sociedade. Não é qualquer necessidade".

E o contato com os Energizadores?

Quando concluímos a primeira parte da pesquisa, tínhamos muitos *inputs*. Era muita coisa flutuando ali. Daí a consultoria trouxe pessoas de outras áreas, sem nenhuma ligação com o nosso negócio. Foi uma conversa muito rica, cheia de *inputs* e com um olhar fresco. Discutimos o ato de se alimentar do ponto de vista psicológico e filosófico, o que nos revelou algo inusitado: com a comida, pode-se oferecer proteção, cuidado e confiança. Quando se consegue nutrir uma pessoa não só do ponto de vista biológico, mas também com o momento, fazendo alguém se sentir seguro e confortável, isso é muito importante. Esse olhar é muito rico, vai lá no fundo e traz a alma do que a gente faz. Eu pensava: "Nossa, quanta coisa!".

Não é *o que* se faz ou *como* se faz, mas o *porquê* da nossa existência como organizações e indivíduos. Como escreveu Mark Twain: "Os dois dias mais importantes da sua vida são o dia em que você nasceu e o dia em que descobriu o porquê".

Como foi a receptividade das equipes ao trabalho como um todo?

Normalmente quem está apenas preocupado com o *bottom line* não consegue entender isso muito bem, não. Por isso tivemos uma grande preocupação em tangibilizar o Propósito e mostrar como ele pode ganhar vida. Nesse sentido, a TroianoBranding fez um *workshop* aqui para sensibilizar as pessoas com a importância de trazer o Propósito à tona e mostrar o que cada um pode fazer para levá-lo ao dia a dia. É uma forma de levar a responsa-

case: Giraffas

bilidade às pessoas. Participaram as áreas de RH, operações, comunicação, treinamento e marketing. Cada uma terá de encontrar a sua forma de transformar esse material em verdade no seu cotidiano. Saímos desse encontro com um documento tático prevendo ações para todas as áreas.

E como levarão o Propósito para fora da empresa?

Falando do ponto de vista do consumidor, tudo o que a gente faz de comunicação — peças e campanhas — tem que ser produzido à luz do Propósito. É um exercício difícil, mas, como a nossa agência de comunicação, a Peppery, participou de todos os processos desse trabalho, há muita clareza sobre o que precisa ser feito. Pensando nisso, o ideal é que a agência participe do trabalho com o Propósito desde o começo. Quando chegamos ao Propósito, sintetizado pela Peppery no posicionamento *A vida é um prato cheio*, fazia todo sentido. A vida é um prato cheio de alegria, de comida gostosa, de colaboradores felizes... Tinha

tudo a ver com a história da marca. Ficou tão forte, não restava uma aresta sequer. Hoje, cada ponto de contato com o cliente tem que seguir esse tom de voz à luz do Propósito. Agora, temos um guia que ilumina a estrada toda.

Como resumiria a importância do Propósito para os objetivos atuais do Giraffas?

Quando buscava entender o assunto, li no livro *Brand Intelligence*, do Jaime, uma frase do Mark Twain que dizia: "Os dois dias mais importantes da sua vida são: o dia em que você nasceu e o dia em que você descobre o porquê". Foi uma luz para mim: Propósito tem a ver com o porquê. Não é *o que* eu faço e nem o *como*, mas *por que* eu faço tal coisa. A melhor forma de explicar o Propósito a qualquer um é contar por que a gente faz o que faz. Essa era a nossa grande busca: saber o porquê da nossa existência. Era preciso saber se aquilo fazia sentido, se nos levaria adiante. Essa foi a mudança que aconteceu dentro de mim e eu consegui levar para a empresa.

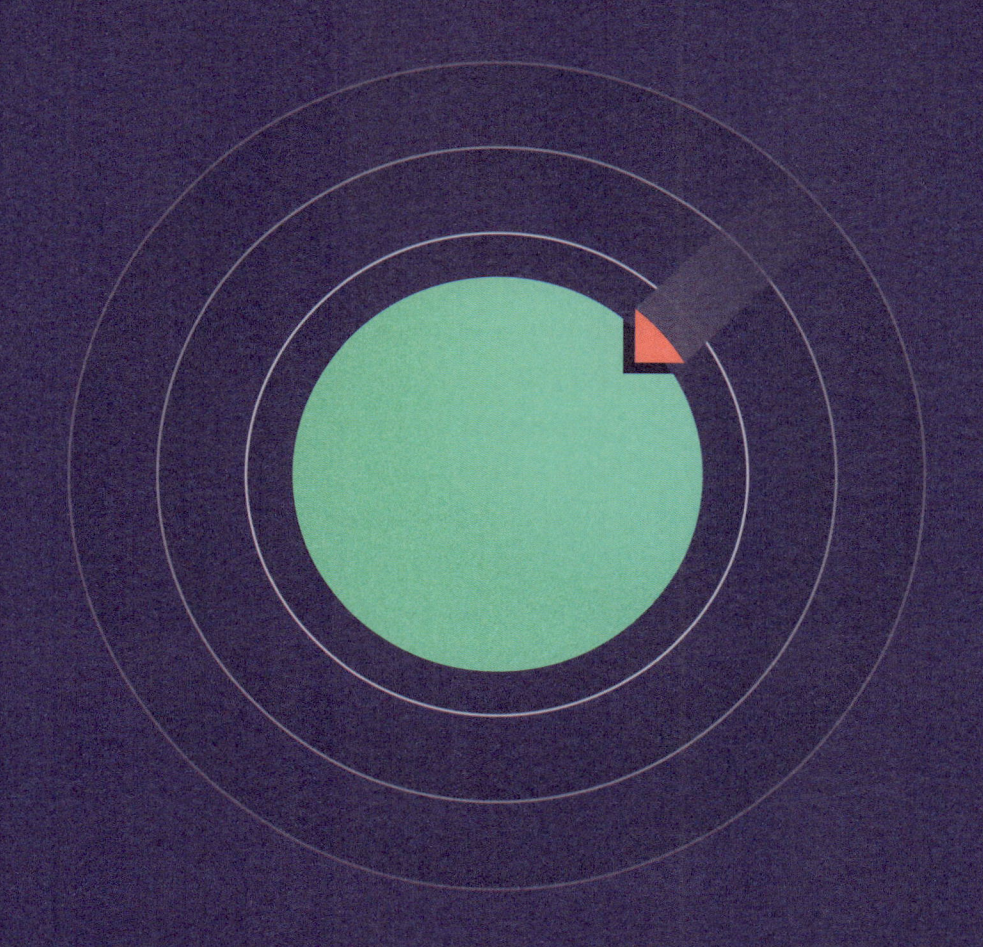

CAPÍTULO 6

As Necessidades do Mundo

A hora de identificar algumas
questões essenciais do mundo
lá fora — e não apenas
do nosso mercado

Falamos até aqui da importância de se olhar para a própria história, reconhecer e trazer à tona os nossos Talentos, sobretudo aqueles que estão enraizados mas foram ofuscados pela passagem do tempo. Já sabemos que a fonte do Propósito surge daí. Mas, neste ponto, cabe perguntar: o que vem depois? O que é possível fazer com a consciência de que trazemos alguns talentos especiais de um passado, às vezes muito distante? Qual o valor desse conhecimento, além de uma possível nostalgia narcisista?

a pós revirar o baú do passado (Escavação), identificar as nossas virtudes (Mapa dos Talentos) e pensar a nossa existência de uma nova perspectiva (Energizadores), chega a hora de reunir as peças novamente com os olhos voltados para o futuro. É quando fazemos a conexão de tudo isso com o mundo lá fora. Cumpridas essas primeiras etapas, iremos identificar as Necessidades do Mundo, de maneira a promover o encontro do que temos a oferecer de mais potente com um desejo fundamental da sociedade — e não apenas do mercado.

Veja que aqui não se trata de um plano estratégico de marketing, da mera identificação de oportunidades ou algo do gênero. Não se trata de fazer uma pesquisa para apurar o interesse de determinado tipo de consumidor por soluções, sinal do surgimento de uma nova tendência. Para isso já existem vários recursos bastante conhecidos. Nesta etapa do nosso trabalho, a finalidade é apontar necessidades vitais da sociedade, algo mais associado à humanidade do que a perfis de consumo.

Nossa experiência no trabalho com o Propósito mostra que frequentemente os líderes tangenciam a necessidade a ser suprida por suas organizações, mas muito raramente a enxergam com clareza. Isso ocorre porque não olham para a sociedade, mas apenas para o mercado, ou seja, para a ponta do iceberg (lembrando que a maior parte deste fica debaixo da água, fora do campo de visão). Nosso trabalho passa por perscrutar além dos elementos imediatamente visíveis, precisamente em busca de um relevo histórico, socioeconômico e psicológico, cujas bases estão assentadas em posições bastante profundas, daí a grande dificuldade em encontrá-las.

Quando tratamos das Necessidades do Mundo, o desafio é embrenhar-se além das convenções mercadológicas. Ao atendermos a empresa de saneamento básico Aegea, por exemplo, identificamos no seu público uma necessidade mais complexa que a de água potável e tratamento de esgoto. Em um país onde metade da população ainda não tem acesso a esses serviços "básicos", a Aegea, que está presente em onze estados e 49 municípios, fornece antes de tudo uma resposta à busca por uma vida mais digna.

Fora do universo das planilhas, o desafio é fazer uma ==imersão naquilo que compõe nossa humanidade,== algo inacessível à primeira vista.

TANGÍVEL

A Aegea atende a uma demanda concreta dos brasileiros por água tratada.

INTANGÍVEL

Por outro lado, a empresa oferece saúde, bem-estar e cidadania.

> **Todo ser é potência
> e a potencialidade de cada
> um se desenvolve na relação.**"

SPINOZA

Difícil imaginar uma demanda de mercado mais escancarada do que saneamento básico. A qualquer empresa interessada em elaborar um plano de negócios para atuar nesse segmento, as estatísticas do IBGE (Instituto Brasileiro de Geografia e Estatística) estão disponíveis e são muito eloquentes sobre essa triste realidade brasileira. Agora, existe uma camada subterrânea desse assunto que raramente é alcançada por esses estudos quantitativos. Ela traz algo que é fundamental ao Propósito.

Para que esse exercício seja possível, as referências de fora do mundo dos negócios são muito importantes. Nesse momento, usamos intensamente fontes de literatura, cinema, artes em geral, história, filosofia, religião, psicologia e sociologia. Pensadores e artistas nos ajudam a olhar questões postas há bastante tempo de um novo ângulo. Nessa hora, é importante olhar para o horizonte e não para o nosso quintal, o que dá uma visão mais realista, rica e emocionante do mundo em que vivemos.

PAUSA NA PLANILHA

O desafio é se embrenhar além das convenções mercadológicas.

No caso da Aegea, foi esse sobrevoo especulativo que nos permitiu enxergar a questão do saneamento básico sob novos e inusitados ângulos. Com a ajuda do campo multidisciplinar do conhecimento chamado ecologia psíquica, pudemos ajudar a empresa a enxergar mais claramente a correlação entre as condições do ambiente em que vivemos e a saúde psíquica e emocional. Até outro dia, soaria estranho associar doenças como a depressão à precariedade em regiões pobres e desassistidas de serviços básicos. O normal era se falar de leptospirose, por exemplo. Hoje, no entanto, sabemos que essa correlação é fundamental.

"A contaminação não apenas infesta o ar, os rios e os bosques, como também as almas", escreveu o poeta mexicano e Prêmio Nobel de Literatura Octavio Paz (1914-1998). Com essa leitura de mundo para além das perguntas que caberiam em um *business plan* tradicional, fica mais fácil entender por que a pureza da água diz respeito a muito mais do que imaginamos num primeiro momento. Ao falar do seu trabalho com água, a Aegea tocava na dignidade e no bem-estar social e psíquico dos cidadãos.

A Aegea atende necessidades que vão muito além do fornecimento de água e tratamento de esgoto: a empresa leva dignidade, saúde e bem-estar para a vida de seus clientes pelo Brasil.

REFORÇO CULTURAL

Pensadores e artistas nos ajudam a olhar as questões de um novo ângulo.

& VISÃO AMPLIADA

Olhar para o horizonte traz uma visão realista, rica e emocionante.

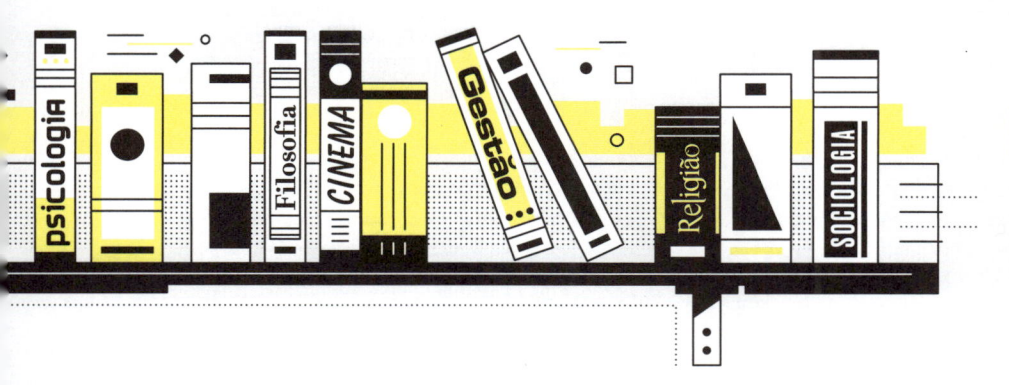

E O POSICIONAMENTO?

O Propósito é, acima de tudo, um ponto de vista próprio da marca, nascido dentro da organização, e não pode ser encontrado no mercado, mas na história dessa organização. Porém, a revelação de um Propósito não contraria nunca nem tampouco dispensa a preocupação com o posicionamento de mercado. Ao contrário, posicionamento é uma janela que olha para o mercado e é tanto mais poderoso quanto mais estiver alinhado com a energia interna que emana do Propósito da organização. Afinal, marcas não são tapumes que ocultam a empresa, mas espelhos que revelam quem ela é em sua plenitude*.

__Extraído__ do livro BrandIntelligence — Construindo marcas que fortalecem empresas e movimentam a economia, de Jaime Troiano

Passado, presente e futuro não são partes separadas, mas juntas."

WALT WHITMAN

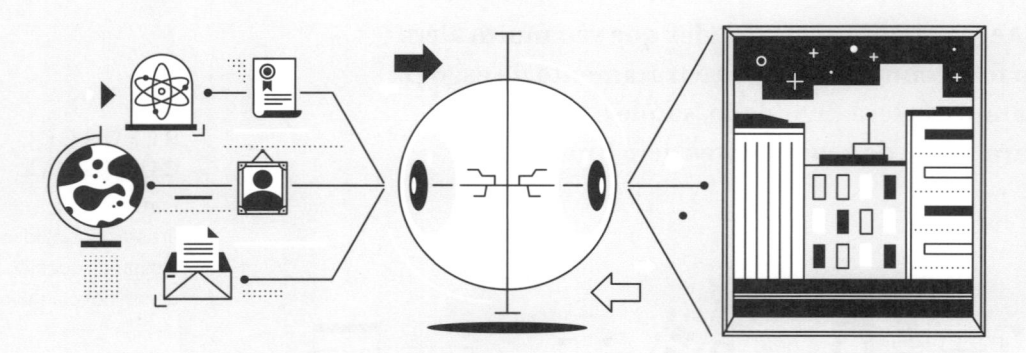

OLHAR AS PESSOAS...

Ao analisarmos a sociedade, temos o relevo histórico, socioeconômico e psicológico do público que queremos atingir. Suas bases estão assentadas em camadas profundas.

... NÃO SÓ OS CONSUMIDORES

Há muitos meios de sondar as "demandas do mercado". No entanto, ao focar somente nelas, perde-se uma chance valiosa de captar nuances valiosas de quem está do outro lado.

case: Caedu

Fundada em 1975, no tradicional bairro paulistano do Brás, a rede varejista de roupas Caedu conta com 55 unidades e um ambicioso plano de expansão. A perspectiva de avanço — em 2019, o plano era inaugurar 45 novas lojas — tornou-se possível quando a empresa se apropriou de suas verdadeiras vocações e entendeu o que oferecia de único. O resgate do Propósito permitiu ainda que a empresa atravessasse um período difícil e conduzisse com segurança e delicadeza um processo de sucessão familiar. "Era preciso algo que atravessasse a corporação", diz Leninha de Palma, líder à frente da Caedu. A seguir, ela fala como mobilizou a empresa em torno de um único — e poderoso — ideal.

Em 1964, meu pai, Vicente de Palma, mudou-se de Monte Azul Paulista, no interior de São Paulo, para o bairro paulistano da Penha. Lá ele conheceu a minha mãe, Teresa, com quem se casou. Na época, eram todos muito pobres, viviam no perrengue. Os dois aproveitavam o horário de almoço no trabalho para ir ao Bom Retiro comprar roupas para revender nos fins de semana. Mais tarde, mudaram-se para o Brás: na parte da frente do imóvel havia uma lojinha de roupas e, nos fundos, a casa. Pode-se dizer que essa foi a primeira loja da família. Com o passar do tempo, o comércio cresceu e meu pai foi estudar modelagem, com o objetivo de fabricar e revender roupas. Era um período de crescimento do comércio.

case: Caedu

A Caedu surgiu mais adiante, em 1975, ano em que eu nasci. O nome era uma homenagem ao Carlos Eduardo, um dos meus quatro irmãos, que é dez meses mais velho que eu. Por muitos anos a empresa teve dois pontos de vendas no Brás. Sempre como atacadista. Na época, o Brás era um polo do atacado. Meu pai trabalhou nessa loja por mais dez anos. Em 1985 ele se mudou para o interior porque não queria mais trabalhar com o comércio. A empresa então foi assumida por meus dois irmãos mais velhos, Nenê e João, um com 20 anos e o outro com 19 anos. Meu pai passou a monitorar o negócio à distância, tinha total confiança nos dois.

Essa sucessão foi um marco importante para os meus irmãos e para a empresa. Os motivos ficariam claros ao longo da nossa jornada. Meus dois irmãos mais velhos seguiram trabalhando juntos por um tempo, depois um deles decidiu seguir carreira solo. Só um deles ficou na Caedu. Eu cheguei dez anos mais tarde, em 1995, quando me mudei do interior para estudar psicologia em São Paulo. Na mesma época, ingressou na empresa outro dos meus irmãos. Meu pai, logo em seguida, passou todas as cotas da Caedu para nós. Ele rapidamente entendeu qual era o caminho que cada filho queria seguir. Hoje somos três sócios: João, Luciano e eu. Não cheguei a trabalhar com o meu pai, mas ele sempre foi uma referência para mim.

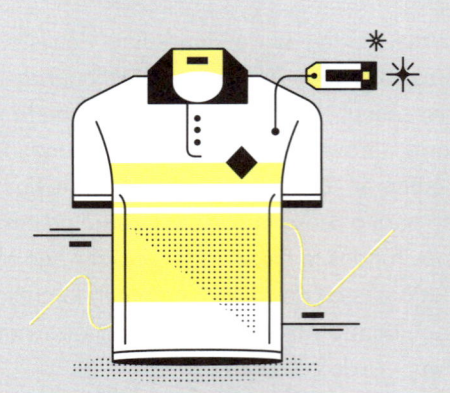

Rapidamente a Caedu saltou de uma para quinze lojas. Nesse momento, foi preciso entender que, para seguir crescendo, algo teria que mudar. Sem Propósito, a empresa não tinha um norte e perdia dinheiro.

O segundo marco

no começo, a Caedu concentrava sua atuação no atacado, pois o meu irmão que comandava o negócio era muito bom como atacadista. Eu e o outro irmão decidimos abrir uma frente de varejo. A fundação dessa Caedu varejista foi outro marco. Começamos em 2000 com uma única loja, mas daí em diante passaram a ser duas empresas: uma atacadista e outra varejista. Foi tudo muito rápido — logo começaram os nossos ciclos de expansão. Rapidamente fomos de uma loja para quinze. Nesse momento, entendemos que, se fôssemos crescer mais, era preciso mudar alguma coisa na empresa. Com esse jeitão "faz tudo", estávamos perdendo dinheiro e não tínhamos um norte. Despertei para essa questão por volta de 2006. Até então, nós éramos apenas um ponto de venda para mercadorias.

Sr. Vicente e membros de uma equipe (à esq.) nos primórdios da Caedu

case: Caedu

Angústias do crescimento

foi terrível, o maior sofrimento. Fizemos muitas reuniões e contamos com uma ajuda externa para saber quem queríamos ser. Existiam três caminhos diante de nós: ser um negócio informal, mantendo aquele estilo de alguns comerciantes do Brás; apenas ganhar dinheiro; ou ser uma marca de verdade. Descobri que existia uma diferença muito grande entre ser uma marca e ganhar dinheiro. Passamos por um processo importante de questionamentos, renúncias e conscientização. Nos fazíamos perguntas como: que marca desejamos ser? Que marca brilha aos nossos olhos? Até finalmente entender que a nossa alma daria a direção que deveríamos tomar.

Não adiantava alguém nos falar do potencial da classe C se o nosso sonho fosse trabalhar com a classe A. Nesse caso, todas as nossas decisões jogariam contra o nosso desejo. Ter essa clareza foi outro marco.

Loja da Caedu: espaços aconchegantes e acolhedores para os clientes e os colaboradores

Durante a nossa crise, era preciso algo muito forte que mantivesse as pessoas motivadas. Era o Propósito".

Em seguida, vieram os tempos áureos do governo Lula, com todo mundo ganhando dinheiro. A Caedu surfou essa onda de crescimento sem tanta consistência na área financeira. Demos um passo muito maior que a perna, o que trouxe problemas graves de caixa. Resultado: tivemos que fechar algumas lojas e vender imóveis para pagar as contas. Foi uma fase bem crítica. Mas a situação acabou voltando aos eixos e nós fizemos um planejamento estratégico para retomar o crescimento de forma sustentável. Foi quando também criamos o conselho de administração. Desde 2016, temos trabalhado a questão da governança com muita atenção.

O momento da sucessão

houve um tempo em que pensávamos que o varejo e o atacado estavam crescendo. Era mais otimismo do que realidade. O câmbio mudava muito e, por causa das nossas importações, estávamos tendo prejuízo. Acabamos tendo que encerrar o atacado. A consequência disso foi que seguimos com uma gestão dupla, minha e do meu irmão, no varejo. Um dos problemas graves, muito comum nesses momentos, era a falta de colaboração entre as áreas lideradas por pessoas diferentes. Depois de um tempo, chegou-se à conclusão de que era importante ter uma liderança só. Após esse diagnóstico, concluiu-se que o meu perfil era o mais apropriado às necessidades de transformação daquele momento.

case: Caedu

O processo de sucessão foi bem maduro. Houve confiança no diagnóstico indicando o meu perfil para o futuro da empresa. Todos fizeram tudo pela Caedu.

Mais tarde, quando fizemos uma pesquisa, enxergamos com muita força que as pessoas viam a Caedu como uma pessoa. Ali já houve um primeiro sinal importante, mas ainda não era o Propósito. Ainda era uma preocupação comercial, mais voltada para fora do que para dentro. Passei a prestar atenção no tema Propósito desde que passamos por essa crise e precisamos fazer mudanças muito radicais. Na minha inquietação, eu me perguntava: como manter o ânimo das pessoas que não serão demitidas? Eu tive que demitir muita gente. Era preciso ter um elo, uma confiança, algo que deixasse as pessoas motivadas. Algo muito forte.

Sobre saber quem se é

O processo de resgate da nossa essência foi muito profundo. Participaram os diretores, as equipes de lojas, os clientes etc. A **ROTA DO SOUL** nos fez ouvir o outro de verdade. Isso faz muita diferença, pois há formas de ouvir o outro sem ser pra valer. E essa verdade é o que faz com que a gente tenha segurança no futuro. Essa é a força da metodologia.

No trabalho com a TroianoBranding, apareceu no nosso Mapa dos Talento uma frase que diz muito sobre o meu pai: "Dinheiro não aceita desaforo". Essa ideia de que é preciso respeitar o dinheiro foi ele quem nos ensinou e está viva entre nós até hoje! O respeito de que ele falava se aplica ao dinheiro da empresa, claro, mas também ao dinheiro do cliente, que é obtido com suor. Também identificamos uma vocação genuína de fazer o melhor possível para quem tem poucos recursos financeiros. Pensamos em como levar um produto de qualidade, com as tendências da moda, a um custo bacana, em um ambiente agradável. Tudo com austeridade, senão não conseguiríamos fechar o modelo de negócios, daí o cuidado com o dinheiro. Saber quais eram nossos Talentos foi muito importante.

Entrada de uma loja da Caedu: um dos desafios da marca foi assumir a sua verdadeira vocação

case: **Caedu**

O Propósito como mola propulsora

para alcançarmos a dimensão que queríamos ter, o Propósito é essencial. Não bastava contar com uma contribuição minha ou de algum outro membro da família — esse não é um trabalho meu e dos meus irmãos. Com uma rede de mais de cinquenta lojas, era preciso algo que atravessasse a corporação. Apesar disso, o trabalho de resgate do Propósito começa com a família. Esse é um fator muito importante: em uma em-

O interior de uma das 55 lojas da Caedu, com o plano de abrir 45 novas lojas em 2019

presa familiar, se a família não se der bem, a empresa não terá sucesso. Nesse sentido, ter feito o trabalho de resgate do Propósito da Caedu com a TroianoBranding permitiu que ouvíssemos os meus irmãos. Eles viram o Propósito ser resgatado e sabem que tem a ver com eles, além de confiar que será perpetuado. Isso fortalece a empresa. Meu papel é transmitir a essência disso para os meus diretores, que vão repassá-la para os outros

O engajamento da direção também foi essencial. As pessoas se envolveram de verdade. Os gerentes se viram como parte importante do que estava acontecendo. Isso ajuda imensamente em uma cultura complexa como a nossa. A Caedu acolhe e, ao mesmo tempo, tem que dar resultados. É muito complexo sustentar essa cultura em que o ambiente é amigável, gostoso e familiar, ao mesmo tempo que se mantém foco no resultado financeiro. Às vezes, as pessoas acham que ser amigável implica cobrar menos e ser menos rentável. Isso está no inconsciente coletivo. Na Caedu, se não performar, você será demitido. Aqui se demite, sim. Fazemos um acompanhamento rígido.

A essência no dia a dia dos negócios

é preciso ter disciplina. Não adianta só pendurar o quadro com o Propósito na parede do escritório. O RH, nesse sentido, é o guardião dessa ideia, levando-a para o dia a dia, na comunicação interna e na seleção. Com isso, criamos o que chamamos de *Jeito Caedu de ser*, de selecionar, de demitir, de comunicar etc. Essas práticas são disseminadas via treinamento. Quando se leva o Propósito na pele, é possível bater o olho e já saber quem é o colaborador que não está engajado. Salta aos olhos. Quanto mais gente tem esse domínio, mais rápido é possível detectar, mais os gestores podem olhar para suas equipes e perceber isso.

No dia a dia das lojas também há iniciativas de comunicação para promover o Propósito. Por aqui, toda quarta-feira discutimos algum dos nossos valores e fazemos trocas para saber como eles são percebidos na prática. É preciso ter disciplina e falar sobre isso o tempo todo. Outro ponto desse trabalho é a questão do protagonismo. Nós defendemos como valor que a Caedu compartilhe o que tem de melhor. Isso faz com que todos aqui pensem no assunto, o que gera motes valiosos para muitas atitudes. Nós nos perguntamos: "Você está fazendo o seu melhor? Aqui só tem quem compartilha o melhor". Isso sobe a nossa régua. Nas práticas diárias, isso deve estar presente, não é apenas uma tarefa de RH.

Tenho muitos colaboradores nas minhas redes sociais e vejo como eles gostam disso. Eles postam *hashtag* com o nosso Propósito em suas contas pessoais. Multiplicam espontaneamente porque é verdadeiro. O trabalho tem que ser verdadeiro, senão não cola.

O passado no presente

meu pai sempre foi um homem de poucas palavras. Às vezes ele transmite a necessidade de certas ações para outras pessoas quase que por osmose. Ele também tem um senso de justiça muito forte. Um exemplo: na minha família, desperdício sempre foi uma atitude inaceitável. Não vivi a fase mais humilde da nossa história, mas sei que os meus irmãos mais velhos chegaram a suportar algumas restrições. Mais tarde, mesmo tendo acesso a uma vida mais confortável, nunca foi permitido que nos sentíssemos superiores a quem quer que fosse por ter uma casa bonita ou um carro bacana. Isso seria vergonhoso na minha família.

Outra herança importante deixada por ele foi a ideia de que devemos confiar em nós mesmos e no outro. Ao deixar a empresa para dois meninos, um de 20 e o outro de 19 anos, ele escreveu uma carta que ficou como marco para nós (pág. 36). Ele pedia para meus irmãos sempre confiarem nos funcionários. Algo parecido aconteceu quando vim cuidar de uma loja depois de me formar em psicologia. Naquele momento, o meu pai falou: "Vai trabalhando. Não tenha medo. Você vai dar um jeito de não deixar a empresa quebrar, ou de não perder dinheiro...". Ou: "Vocês têm crédito na praça, qualquer pessoa irá vender para vocês. Mas não brinque com isso".

Enfim, o Propósito

A hora de nos apropriarmos
da nossa verdadeira razão de
ser e de lapidá-la na forma
de um manifesto

Com a **ROTA DO SOUL**, o reencontro com a nossa essência enfim é possível. Mais que isso: surge também uma rica compreensão de como o mundo lá fora funciona e qual a forma ideal de interagirmos com ele, quem sabe conseguindo transformá-lo em algo melhor. Temos em mãos um conhecimento valioso. Guardadas as diferenças desses dois universos, é como o momento em que um artista reconhece o que há de único na sua "voz" (ou estilo) e passa a explorá-la de forma mais consciente. Ou quando um atleta usa o corpo com grande domínio sobre ele.

no contato com organizações de diversos setores, portes e regiões do Brasil, nós utilizamos a **ROTA DO SOUL** como forma de alcançar o Propósito. Costumamos dizer que o Propósito é a alavanca de que fala Arquimedes (287 a.C. – 212 a.C). Nesse sentido, nosso trabalho é atuar como o ponto de apoio que assegura a propulsão dessa alavanca. Ao reunir essas duas ferramentas, o ponto de apoio e a alavanca, as empresas elevam consistentemente a sua criação de valor.

É preciso reforçar que o valor gerado pelo Propósito tem sentido bastante amplo. Estamos falando, sim, do impacto no *bottom line*, mas não apenas. Aqui também entram o prestígio da organização junto aos diferentes públicos, o engajamento de executivos e colaboradores na busca por sustentabilidade organizacional e a indicação do norte para qualquer iniciativa de comunicação. Em uma esfera mais pessoal, há ainda a contribuição para os projetos de felicidade dos colaboradores na construção de suas trajetórias.

A materialização dessa fase acontece com a redação de um texto-manifesto do Propósito. É um texto simples e inspirador que carregará a alma da empresa, embalando os sonhos de seus fundadores em um prudente — e potente — enlace com as necessidades do mundo atual. Tudo isso em uma linguagem autêntica, com a personalidade da organização e das pessoas que a compõem. O manifesto deve ser entendido fácil e imediatamente por qualquer pessoa em contato frequente com a marca. É uma peça muito poderosa. Dela surgirão outras ações, incluindo um vídeo de dois a três minutos, ativações e *workshops*. Além disso, o texto e o vídeo servirão como referência para todas as áreas da empresa, tornando-se elementos indispensáveis nas atividades de comunicação, marketing e engajamento interno.

Dê-me uma alavanca e um ponto de apoio e eu levantarei o mundo."

ARQUIMEDES

ENGAJAMENTO

Saber o norte torna tudo mais claro para os colaboradores e executivos.

BOTTOM LINE

Os balanços são diretamente impactados pela força do Propósito.

COMUNICAÇÃO

Surge um tom de voz único para falar com públicos interno e externo.

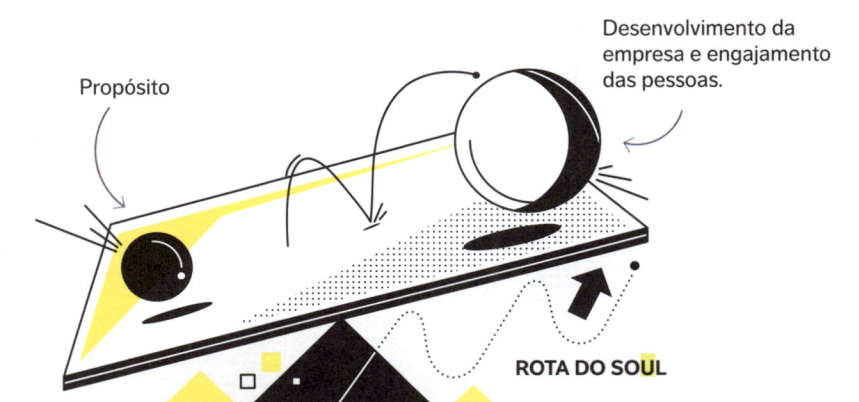

Propósito

Desenvolvimento da empresa e engajamento das pessoas.

ROTA DO SOUL

SOBRE A IMPORTÂNCIA DO PROPÓSITO

é impossível escapar do que nós somos. Quanto mais o tempo passa, mais nós somos parecidos com nós mesmos. Isso é verdade para cada um de nós como pessoas e para as organizações em nossa sociedade. Nós temos duas alternativas: uma é ignorar que existe uma energia potencial inserida na vida das organizações e que cria uma razão de ser para sua existência. A outra é reconhecer a presença dessa energia, apropriar-se dela e transformá-la na alavanca que as dinamiza, mobiliza os colaboradores e faz com que as organizações tenham um significado único no mercado e na sociedade. Essa energia é o seu Propósito. E ela pode transformar a empresa e a sociedade.*

Extraído do livro BrandIntelligence - Construindo marcas que fortalecem empresas e movimentam a economia, *de Jaime Troiano*

O passado nunca passa, nem é sequer passado, mas só uma dimensão do presente."

WILLIAM FAULKNER

Segundo pesquisa da Ipsos, o assunto Marcas com Propósito desponta como o tema de inovação mais interessante para os influenciadores, à frente de Mobilidade e *Slow Life*.

UMA MARCA, TODOS OS TEMPOS

O que o texto-manifesto do Instituto Avon nos revela sobre a história da marca, a sua razão de ser e os seus horizontes.

Nascemos de uma mulher forte.

Ela inspira o mundo que queremos construir: De mulheres seguras e donas de si.

Determinadas, elas são capazes de iluminar famílias, comunidades. Nosso desafio é eliminar barreiras.

Formamos uma teia para apoiar, abraçar, libertar Para, lado a lado, redesenhar sonhos, abrir possibilidades, transformar vidas.

Instituto Avon.

Juntas transformamos.

RAÍZES

A primeira causa do Instituto Avon foi o combate ao câncer de mama

FUTURO

O Propósito aponta para o mundo que a Avon busca criar com as suas redes

INFLUÊNCIA

O novo logo transmite sua mensagem de força a diversos públicos

SONHOS

Em vez de metas individuais, fala-se em mudanças via mobilização coletiva

VERSÃO DIGITAL

Redigido o texto-manifesto, transpôs-se o conteúdo para o audiovisual, com apoio da produtora Sobrado. Em um vídeo de um minuto, o texto surge acompanhado de cenas vivas, coloridas e impactantes, que exibem o Propósito do Instituto Avon com grande fidelidade. Assistimos a grupos de mulheres em posição de liderança, realização, protesto e acolhimento. É como uma bússola para a marca.

VEJA O VÍDEO

Para assistir, acesse o QR Code abaixo

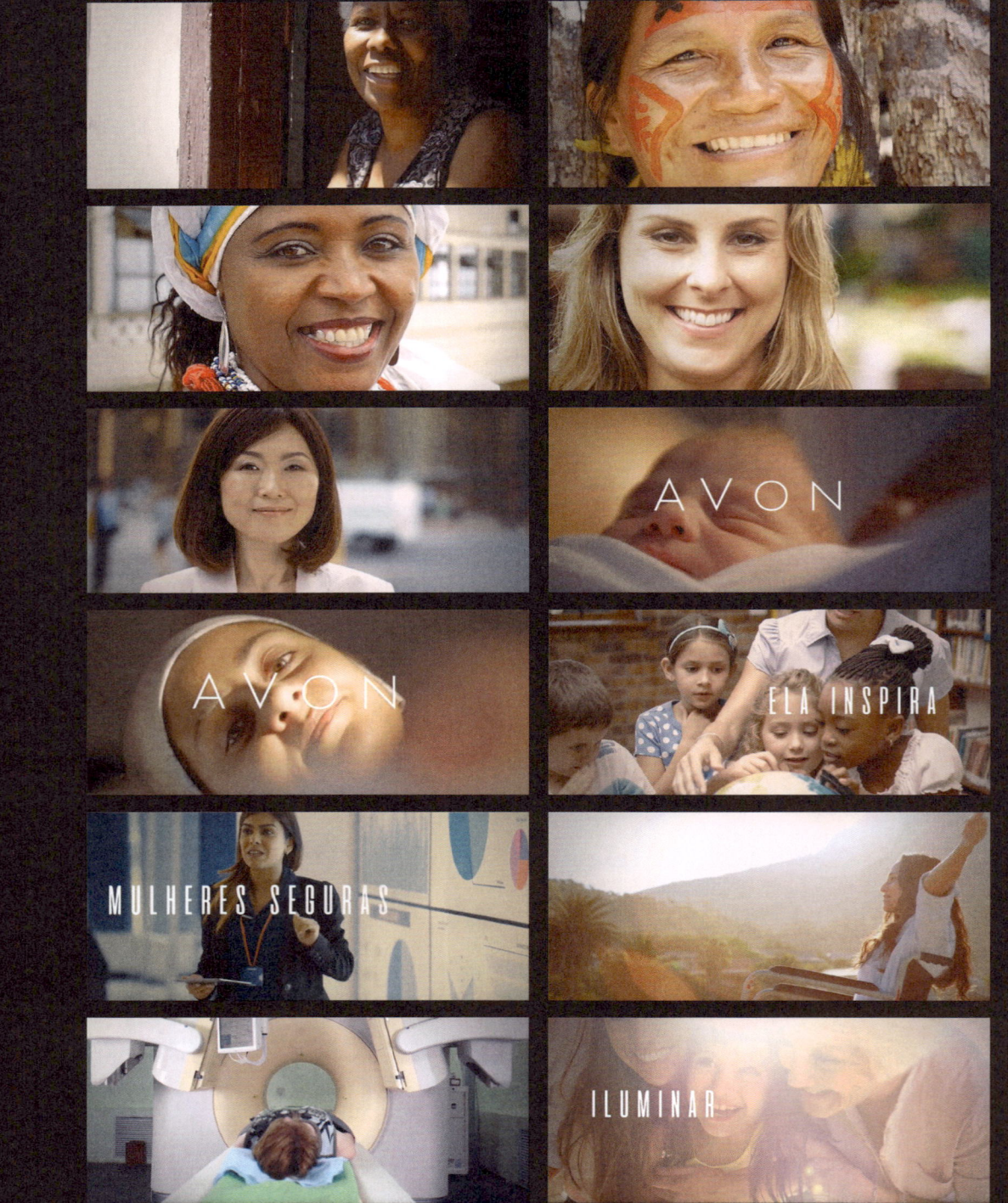

ELIMINAR BARREIRAS

APOIAR, ABRAÇAR.

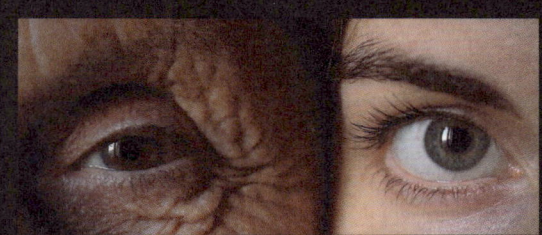

APOIAR, ABRAÇAR, LIBERTAR.

REDESENHAR SONHOS.

ABRIR POSSIBILIDADES.

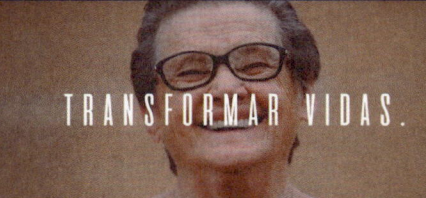

TRANSFORMAR VIDAS.

INSTITUTO JUNTAS AVON TRANSFORMAMOS

INSTITUTO JUNTAS AVON TRANSFORMAMOS

ESSÊNCIA & IDENTIDADE

O resgate do Propósito do Instituto Avon também teve como consequência a reformulação da marca. Esse redesenho levou em consideração aspectos fundamentais da história do Instituto, entre os quais se destaca o pioneirismo na defesa das mulheres. O desafio foi atualizar o logotipo, criado em 2006, quando o objetivo principal da organização era o combate ao câncer de mama. Mudou o tempo, mudaram as prioridades, mudaram as mulheres. Veja como o Propósito foi empregado na marca.

ANTIGA MARCA

A imagem da bailarina reforçava o estigma da delicadeza feminina.

Era o símbolo de um tempo em que sua proposta não contrariava ninguém.

A marca tinha uma estética muito suave, amigável além da conta.

MARCA ATUAL

A marca ressaltou a força do Instituto Avon sem deixar de ser democrática.

A mensagem é de coragem, humildade, conhecimento e acolhimento.

É expressão da sua consistência e um convite para conversas importantes.

IDENTIDADE NOVA

A reformulação da marca gerou um guia para todas as plataformas.

PARA TODAS

A mudança reforçou o caráter inclusivo do trabalho do Instituto Avon.

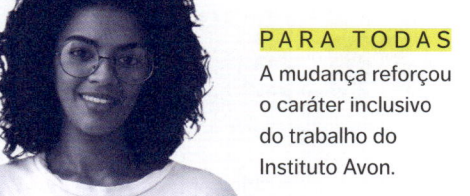

Se você chegou até aqui, certamente já está convencido do poder que o Propósito pode ter sobre a sua organização, ou mesmo, numa perspectiva mais particular, sobre a sua trajetória como profissional. O tema do Propósito vem sendo tratado por nós desde 2007, quando fizemos o primeiro trabalho, junto da consultoria norte-americana BrightHouse, para a marca Havaianas. Daí o nosso entusiasmo ao acompanhar o sem-número de referência a esse tema em diversos meios nos últimos anos. Para ficarmos em apenas algumas menções, o tema "Marcas com Propósito" surgiu como o mais importante para os influenciadores brasileiros em um estudo realizado em 2019 pelo Instituto Ipsos. Em seguida, surgiram Mobilidade e *Slow life*. Fora do Brasil, a importância do tema é ainda maior, o que pode ser confirmado pela grande quantidade de livros e artigos publicados sobre o assunto nos últimos anos. Entre os mais importantes estão os já conhecidos *Propósito: Por que ele engaja colaboradores, constrói marcas fortes e empresas poderosas*, de Joey Reiman, CEO e fundador da BrightHouse e ex-sócio da TroianoBranding, e *Comece pelo porquê: Como grandes líderes inspiram pessoas e equipes a agir*, de Simon Sinek.

QUAL É SUA FORÇA VITAL?

Responda às seguintes perguntas pensando na organização em que atua e na sua trajetória.

Reflita sobre as suas respostas e tente encontrar o Propósito na sua própria história.

▸ Qual o Propósito da sua organização?

▸ Como ele se manifesta no dia a dia?

▸ Qual o seu Propósito como profissional?

▸ Liste o que pode ser feito para disseminar o Propósito da organização no dia a dia.

case: Aegea

A Aegea é uma empresa privada de gestão e operação de serviços em saneamento básico fundada em 2010. O negócio foi criado em São Paulo e expandiu-se rapidamente, espalhando-se por onze estados e assumindo uma das primeiras posições entre os *players* privados do setor. A atuação em regiões com diferentes culturas, aliada a modelos de negócios diversos, causou ruídos e dispersão na marca do grupo. Em busca de uma unidade que fosse respeitosa com as diferenças, a empresa decidiu investir no Propósito. "Era preciso trazer um sentido maior para a nossa identidade", diz Fernanda Abdo Saad, executiva de comunicação da Aegea.

Qual o lugar da Aegea no setor de saneamento básico?

A iniciativa privada responde por 6% do setor de saneamento básico do país, e a Aegea é uma das líderes, com aproximadamente um terço de participação desta fatia de mercado. Atuamos em onze estados brasileiros e 49 municípios por meio de 45 contratos (de concessão, subconcessão ou PPP). Assim, atendemos mais de 7,5 milhões de pessoas pelo Brasil. Seja qual for o modelo, acreditamos que o que importa é levar o serviço adequado à população. Nos posicionamos como prestadora de serviços e não como empresa de infraestrutura, como é comum no setor. Nosso objetivo não é ir até as cidades apenas para entregar uma obra. A Aegea fornece uma solução de ges-

case: Aegea

tão e de operação em saneamento, o que envolve manter relacionamento próximo com a população atendida. Temos esse cuidado. Acreditamos que o nosso papel vai além da entrega de um trabalho. Queremos deixar um legado.

O que motivou a Aegea a fazer um trabalho em torno do Propósito?

A necessidade de criar uma identidade para o grupo. Nós tínhamos cinco linhas visuais diferentes para a marca das concessionárias, cada uma delas com um nome distinto. Até especialistas do setor desconheciam que determinadas concessionárias pertenciam ao grupo. Isso ocorria porque as áreas de comunicação das concessionárias tinham surgido antes da área de comunicação corporativa. A dispersão causada pelas diferentes marcas usadas por cada unidade aumentou na mesma velocidade que a expansão da Aegea. O grupo precisava de algo que o representasse e que fosse realmente compatível com a sua força e a sua essência. Nesse cenário, decidimos unificar a identidade para aumentar o valor e a percepção da marca.

Qual foi o primeiro passo nesse sentido?

Era preciso trazer uma razão maior para a nossa identidade e para a nossa marca, o que nos levou a olhar para o lado mais humano da companhia. No início, a Aegea evoluiu nos aspectos ligados à eficiência operacional e no fortalecimento de sua estrutura financeira. Agora, olhando para o aspecto humano, o desafio foi se posicionar para expressar os benefícios entregues à sociedade. Simplesmente precisávamos de uma resposta clara a esse ponto, pois daí viriam os desdobramentos para redefinir a nossa marca.

Com a psicóloga Claudia M. Gadotti, vimos que a Aegea tem arquétipo de mãe: cuida da saúde, lida com adversidades e busca dignidade."

Como foi o trabalho com a TroianoBranding?

O que nos fez optar por eles foi a *expertise* no assunto, um traço perceptível desde a nossa primeira conversa. Outro aspecto importante para a escolha foi a metodologia de trabalho, que combinou com o estilo da Aegea. Também contou a favor da TroianoBranding ter proposto um modelo "customizável", diferente de algo que já viesse pronto, com um passo a passo muito detalhado que servisse para qualquer empresa. Eles têm método, experiência e vivência — e trabalham muito com o *feeling*, algo importante, pois as relações humanas não são exatas. Dispensamos os casos em que a metodologia de trabalho era esquemática.

Quais foram os primeiros desdobramentos?

Passei o nosso *briefing* para a consultoria no meio de 2017 e iniciamos o trabalho no segundo semestre. No início de 2018, vimos o resultado das primeiras etapas do trabalho (Escavação, Mapa dos Talentos e Necessidades do Mundo). Depois levamos os resultados aos Energizadores: uma psicóloga, um filósofo e um engenheiro químico. Dessa conversa saímos com a conclusão de que a Aegea atende a três Necessidades do Mundo: *Sustentabilidade*, que é algo intrínseco ao negócio, *Aceitação da diversidades*, pois atuamos em 49 municípios, de norte a sul do país, e *Acesso à pureza*, tanto da água quanto no que diz respeito a *compliance*.

O que pesou a favor da TroianoBranding foi ter método, experiência e vivência. Além da ROTA DO SOUL, há um olhar muito atento para as relações humanas.

case: Aegea

O que surgiu no Mapa de Talentos da Aegea?

A consultoria criou o neologismo *Mestre em Brasicidades* para ilustrar que a Aegea atua em diferentes estados, respeitando as culturas locais e encontrando realidades muito diversas. Também somos *Engenheiros da ordem*, pois trabalhamos para que seja cumprida cada etapa no manejo dos recursos naturais, zelando pelo ciclo sustentável. Água suja, por exemplo, não pode voltar para a natureza. A Aegea trata 100% da água coletada, um objetivo que, apesar de óbvio, é difícil de ser alcançado pelas empresas do setor. A consultoria também nos ajudou a enxergar que somos *Embaixadores da saúde*, algo visível no orgulho dos funcionários ao levar saúde para a população, incluindo seus familiares e amigos, e *Profissionais além da conta*, justamente por entendermos a importância do nosso trabalho e não ficarmos só no "nosso quadrado". Ou seja, se percebemos a necessidade de algo diferente, vamos atrás de atendê-la da melhor maneira. Por último, somos *Agentes da dignidade*, pois em muitas cidades onde estamos sequer havia água tratada antes da nossa chegada.

O que a Aegea extraiu do encontro com os Energizadores?

Nessa oportunidade, com a ajuda dos Energizadores, identificamos a necessidade de redesenhar a marca. A psicóloga apontou que a Aegea tem o arquétipo de "Mãe": cuida da saúde, vai além da conta, se adequa às adversidades e quer sempre levar dignidade aos filhos. Além disso, nos ajudou a observar atentamente algumas características fundamentais da água, como o fato de ela ser um fluido e ter um ciclo. Como o nome Aegea é um palíndromo, que também pode ser lido do fim para o começo, aí estava a ideia do infinito, como deve ser o ciclo sustentável da água. Para completar, o nome conta com o "a" e o "e", de água e de esgoto. Nesse momento, ficou claro que a nossa logomarca precisava ser readequada de forma a refletir a identidade da companhia.

O trabalho iniciado com a marca se estendeu para toda a empresa e os seus 4.300 funcionários. É preciso engajamento para que todos atuem de acordo com o Propósito.

A RECRIAÇÃO DE UMA MARCA

ANTIGA MARCA

MARCA ATUAL

"Nosso trabalho na Aegea começou por encontrar a razão de ser da empresa, que presta um serviço muito além do tratamento e da distribuição de água. Esta atividade é essencial para o seu público, traz saúde, dignidade e bem-estar, movimentando a vida das comunidades por inteiro. Assim, fizemos uma marca mais orgânica, sugerindo o ciclo da água, que sempre se renova. Também estão ali o elo com as pessoas, o movimento do rio, a fluidez, a tipografia mais moderna e o degradê do azul com o verde, que remete à natureza, a algo límpido. Criar uma marca não é somente uma questão estética, é muito mais."

VIVIAN AMARAL, DESIGNER SÊNIOR DA TROIANOBRANDING

Entre as empresas privadas de saneamento básico, que formam 6% do setor, a Aegea é uma das líderes

case: Aegea

Lançamento da nova marca da Aegea: material foi replicado em todas as unidades da companhia

Como foi a receptividade interna a esse trabalho?

A receptividade foi excelente, pois todo o conceito escavado e apresentado foi inspirado nas características presentes na própria organização. Desde o momento de pré-lançamento, as pessoas se identificaram com tudo o que viram. Além disso, o processo de construção e desdobramento do projeto contou com o envolvimento de pessoas-chave de todas as unidades e do corpo diretivo. O resultado foi apresentado com muito cuidado. Tudo isso só poderia resultar em uma gratificante conquista, que despertou a identidade de pertencimento em todos. Para simbolizar a "virada de chave", Hamilton Amadeo, presidente da Aegea, finalizou a ação de lançamento convidando todos os funcionários a, literalmente, vestirem a camisa com a nova marca. Desde então, seguimos reforçando o nosso Propósito.

CAPÍTULO 8

Hora de ir para o mundo

O Propósito é levado pela empresa ou organização para os seus diversos pontos de contato com a sociedade

A força que surge do Propósito se espraia por todas as estratégias e ações e, por intermédio da marca, dá o tom na relação com o nosso ecossistema, seja interna ou externamente. Assim, o Propósito é colocado à prova o tempo todo em contextos diversos e no contato com diferentes públicos. Ele pode ser atestado na forma como a recepcionista atende às ligações dos clientes, na confecção do plano de negócios, na atração e retenção de talentos, na linguagem usada em uma campanha publicitária ou no desenho do *layout* das instalações das empresas.

q uando falamos em "colocar à prova", pode parecer uma posição reativa. Definitivamente, não é este o caso. Na verdade, é precisamente o oposto disso, já que o Propósito nos prepara para que possamos ser, cada vez mais, *quem nós realmente somos*. O fato é que, quanto maior a clareza sobre o nosso Propósito no ambiente em que atuamos, maior a possibilidade de levarmos essa ideia para o dia a dia de nossas ações — todas as ações. Este é um desdobramento natural desse processo. Daí a importância de observarmos as sutilezas da nossa atuação em cada uma dessas frentes.

A experiência nos diz que as ações para promover o Propósito dependem em grande medida do engajamento de algumas figuras centrais nas organizações. Para começar, a participação das lideranças é crucial (leia o relato de Eliane Garcia Melgaço, VP da Algar, a partir da pág. 114). Sem o envolvimento genuíno dos líderes na valorização, defesa e propagação do Propósito, torna-se muito difícil, se não impossível, mobilizar os funcionários para que façam o mesmo. Quando o Propósito está sedimentado entre os líderes — cuja participação é essencial na redação do texto-manifesto —, o passo seguinte costuma ser a aproximação com o time de recursos humanos. Com a ajuda dele, a empresa irá promover a internalização do Propósito pelos funcionários de diferentes áreas e níveis hierárquicos, processo imprescindível que deve anteceder a sua exposição fora da organização, sob o risco de fazê-lo de forma precipitada.

O Propósito nos prepara para que possamos ser, cada vez mais, quem nós realmente somos.

PONTOS DE CONTATO

O Propósito só faz sentido quando é ativado.

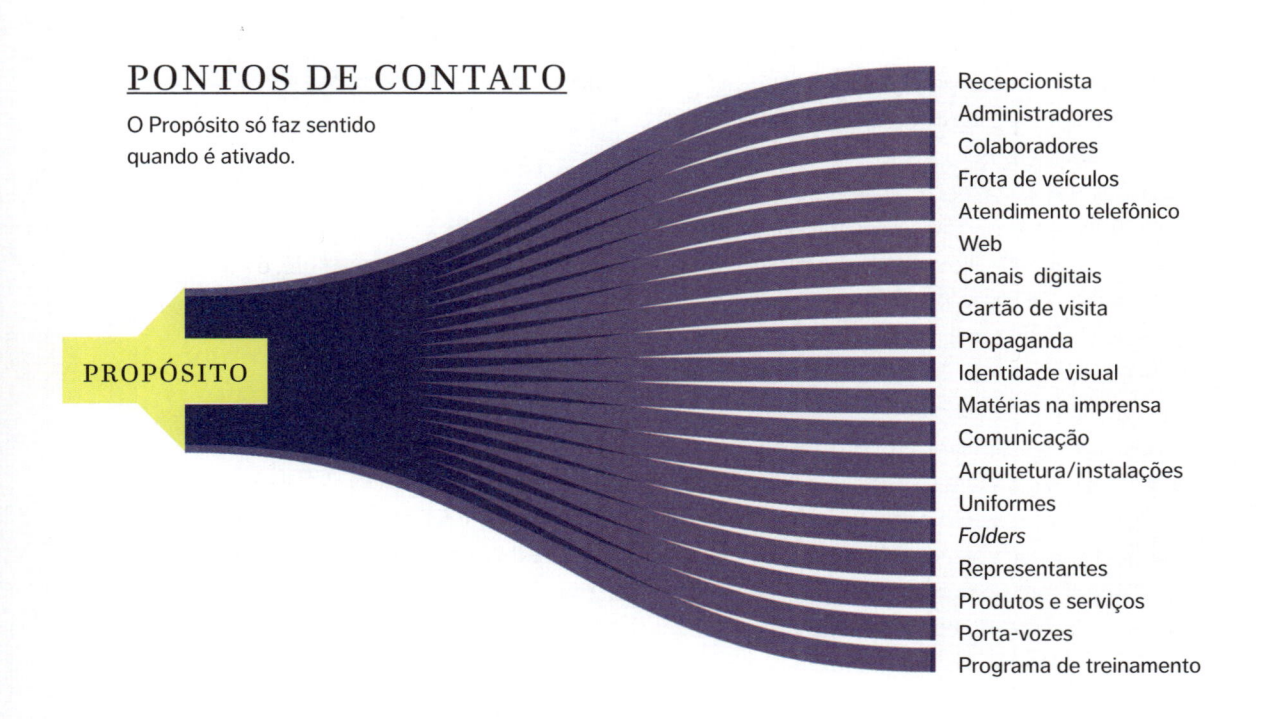

PROPÓSITO

Recepcionista
Administradores
Colaboradores
Frota de veículos
Atendimento telefônico
Web
Canais digitais
Cartão de visita
Propaganda
Identidade visual
Matérias na imprensa
Comunicação
Arquitetura/instalações
Uniformes
Folders
Representantes
Produtos e serviços
Porta-vozes
Programa de treinamento

O VALOR DO ENGAJAMENTO

fundada em 1930, a Algar é uma das mais prósperas e perenes companhias do país. Sua atuação se estende pela América Latina em áreas muito diversas, como serviços de telecomunicação, agronegócio e entretenimento, entre outros. O pioneiro dessa história foi o português Alexandrino Garcia (1907-1993, na foto ao lado), que se mudou para o Brasil na infância e muito cedo iniciou uma saga que segue até os dias de hoje. Sua busca por criar produtos e serviços capazes de melhorar a vida das pessoas deu origem à essência da empresa, que hoje é sintetizada na frase *Gente servindo Gente*. Eliane Garcia Melgaço, vice-presidente de Gente da Algar, conduziu o processo de resgate desse Propósito. Após mobilizar executivos e acionistas, Eliane atuou para que o resultado dessa iniciativa se mantivesse vivo e pulsante na companhia por meio de comitês e da eleição de Embaixadores do Propósito. "Depois de resgatar o Propósito, é preciso uma estratégia muito clara de disseminação", afirma Eliane. Esse é o caminho incontornável para que as ações da empresa carreguem força e autenticidade. A seguir, leia o depoimento dela sobre os desdobramentos desse trabalho.

"Nada posso lhe oferecer que não exista em você mesmo. Não posso abrir-lhe outro mundo além daquele que há em sua própria alma. Nada posso lhe dar, a não ser a oportunidade, o impulso, a chave. Eu o ajudarei a tornar visível o seu próprio mundo e isso é tudo."

HERMAN HESSE

TODAS AS VOZES

❝ Começamos com um resgate do nosso Propósito: *Gente servindo Gente*. O objetivo posterior era que os funcionários, que nós chamamos de associados, pudessem traduzir essa ideia em ações que fossem percebidas por todos os públicos estratégicos para a Algar. Envolvemos os executivos para ter a visão de cada um deles sobre o resgate do Propósito e, em seguida, apresentamos o resultado do trabalho por meio de um texto-manifesto. Esse manifesto rodou todas as empresas do grupo em um iPad. Foi o momento em que todos puderam ouvi-lo em voz alta e dar sua opinião.

Um dos maiores desafios de uma empresa familiar é adaptar para os dias de hoje o que o fundador deixou de inspiração. Na Algar, a síntese disso é *Gente servindo Gente.*

Antiga equipe de telecomunicações da Algar: pioneirismo

PROPÓSITO NO COTIDIANO

Houve um movimento muito grande na organização. Os desdobramentos ocorreram por meio dos nossos comitês. No comitê de cultura, por exemplo, assumimos a tarefa de disseminar o Propósito da companhia. Houve também uma eleição de Embaixadores do Propósito e da Cultura, que são treinados pela universidade corporativa da Algar para levar essa bandeira a diversas áreas. Eles são os multiplicadores desse trabalho. Depois de resgatar o Propósito, é preciso uma estratégia muito clara de disseminação. Tem que haver treinamento para que as pessoas saibam por que aquele trabalho faz sentido para elas e para a organização.

Tem que haver treinamento para que as pessoas saibam por que aquele trabalho faz sentido para elas e para a organização.

DESENVOLVIMENTO DAS LIDERANÇAS

O trabalho com o Propósito não tem como funcionar sem o envolvimento das principais lideranças. Se a liderança não abraçar esse trabalho, é melhor nem começá-lo. Nesse momento, se houvesse descrença com o projeto ou a sensação de que ele não era necessário, seria melhor nem seguirmos adiante. Na Algar, investimos na sensibilização dos líderes: os acionistas foram colocados a par e os diretores participaram ativamente. As lideranças assistiram a palestras da TroianoBranding sobre Propósito e, por outro lado, a consultoria participou de eventos da companhia. Assim sensibilizamos a todos sobre a importância desse trabalho.

> O engajamento é o que faz as pessoas entenderem a importância do Propósito e defendê-lo em diferentes espaços."

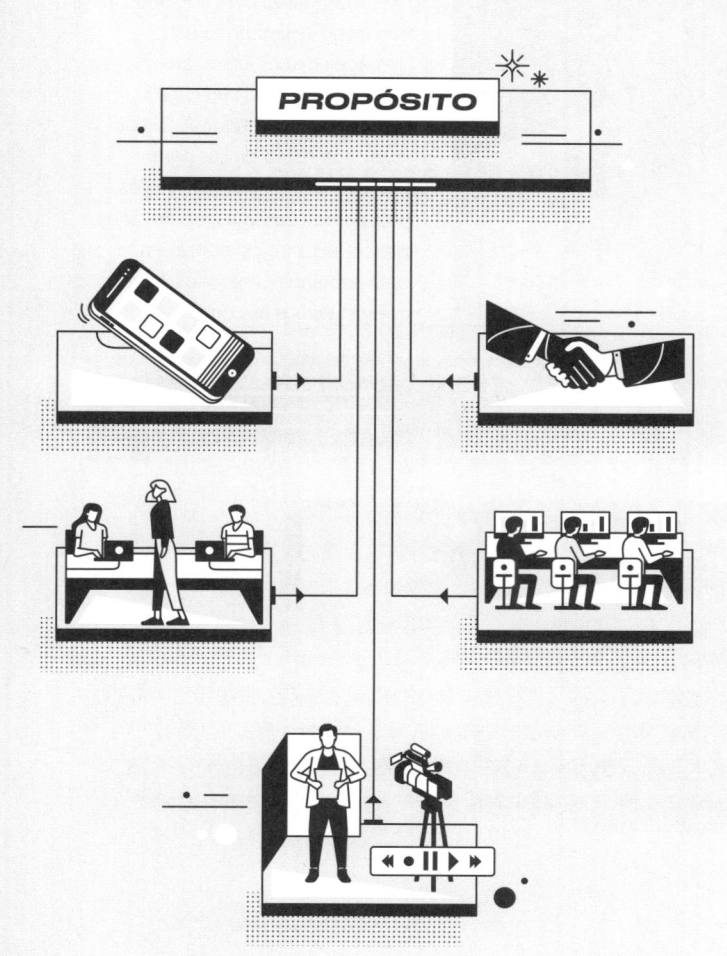

O VALOR DO INTANGÍVEL

Cada vez mais, as organizações têm um entendimento de que a marca vai muito além de uma campanha publicitária. Hoje, com as redes sociais, os pontos de contato da empresa com o mundo (interna e externamente) e a transparência são cruciais. Se o discurso for diferente da prática, a empresa estará jogando dinheiro fora. Não adianta fazer uma campanha de comunicação, gastar dinheiro com artistas de TV e influenciadores digitais, se essas coisas não carregarem o Propósito. Daí a importância de se ter o engajamento das lideranças e dos funcionários com o Propósito. Sem isso, não adianta chegar ao meu cliente falando em *Gente servindo Gente*. Soaria mentiroso, não colaria. A entrega tem que estar alinhada ao Propósito e ao discurso derivado dele. Tem que trazer autenticidade. Nesse sentido, o engajamento é o que faz as pessoas entenderem a importância do Propósito e defendê-lo em diferentes espaços.

O PROPÓSITO NO COTIDIANO DAS ORGANIZAÇÕES

A razão de ser uma empresa, quando levada para o dia a dia de seus negócios, atua como força transformadora. Conheça o que algumas empresas têm feito para disseminar o seu Propósito.

A FORÇA VITAL NO ESPAÇO FÍSICO

O compromisso com o Propósito não pode se limitar ao uso de peças de comunicação. Ele impacta as entregas da marca ao consumidor. A Caedu levou sua razão de ser para diversos espaços, entre eles os provadores das lojas, conhecidos por serem amplos, contarem com espelhos generosos, luzes confortáveis e ar condicionado.

O AMÁLGAMA PARA TODA A EMPRESA

A Caedu reuniu colaboradores para montar um enorme quebra-cabeça com o Propósito. Cada gerente levou uma peça para que a mesma fosse assinada por toda a equipe de sua loja. As peças assinadas, posteriormente, voltaram à matriz, onde o quebra-cabeça foi montado novamente e hoje ocupa uma parede de destaque.

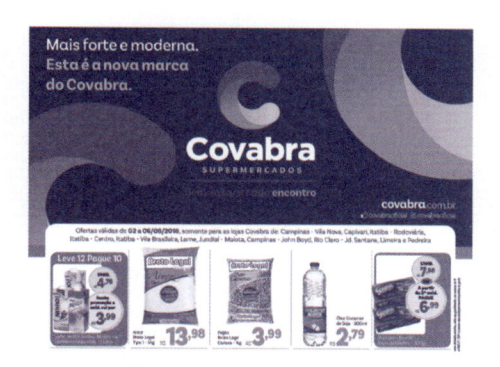

A ESSÊNCIA NA FORMA DE AÇÕES

O Propósito do Covabra Supermercados aponta para o equilíbrio na busca por qualidade de vida, o que foi sintetizado na frase "Compartilhando bem-estar a cada momento". Tendo isso como base, foram feitas ativações para tangibilizar o Propósito nas lojas. Uma delas anunciava diariamente ofertas com cardápios prazerosos e saudáveis.

UMA MARCA PARA TODA A FAMÍLIA

Em 2001, o Propósito da rede varejista Extra foi resumido na frase "Em família, a vida é Extra". Em seguida, o trabalho foi disseminado com a assinatura "Por uma vida mais família". Uma das formas de fazer essa comunicação foi a distribuição de adesivos com a estampa de membros da família nos postos de combustível da marca Extra.

OS TALENTOS E SUAS HISTÓRIAS

A Aegea traz a vida das pessoas para o centro do seu Propósito. Para disseminá-lo, a empresa produziu um vídeo embalado por *jingle* da Jacarandá, ilustrações da Lev e animação da RTV, além do vídeo manifesto, com texto da TroianoBranding, trilha da Jacarandá e produção da Sobrado.

VEJA O VÍDEO

Para assistir, acesse o QR Code abaixo

O PORQUÊ NO DIA A DIA

Uma das ideias sugeridas para o Instituto Avon foi destacar em seu escritório os números com os resultados do seu trabalho. Foi uma forma de ilustrar como o Propósito ganha vida, dentro e fora da organização. Além disso, o porquê da existência da marca passou a fazer parte da comunicação das suas principais causas.

AS AVENTURAS VIVIDAS EM GRUPO

O Propósito se vive no dia a dia, não é o tema de mais um quadrinho na parede. Para reforçar que a empresa de crédito universitário Pravaler "dá asas aos sonhos dos alunos", os colaboradores fizeram saltos *indoor* de paraquedas. Para destacar que a empresa é "resultado de alta performance", fizeram corridas numa pista de kart.

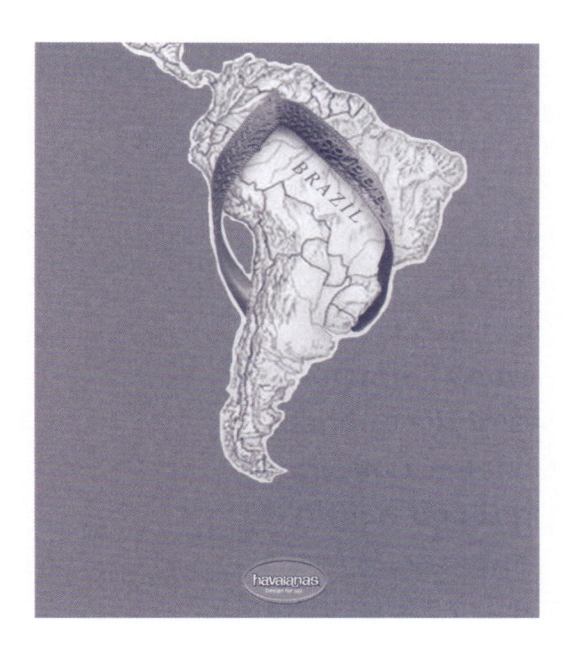

UMA FORÇA PARA ALÉM DA FRONTEIRA

As sugestões de ativação das Havaianas foram criadas pela BrightHouse, consultoria norte-americana que foi sócia da TroianoBranding. O objetivo era espalhar o Propósito da marca, ilustrado por uma ideia de "paz de espírito", para além do mercado brasileiro. Ao lado, uma sugestão preliminar para um potencial trabalho de comunicação.

UMA VERDADE PARA TODAS AS PLATAFORMAS

Se o Propósito carrega uma história e um compromisso genuíno, um caminho promissor começa pela divisão desse trabalho com vários *stakeholders*. Pensando nisso, a equipe do Giraffas estampou o Propósito, com atenção especial para os seus Talentos, tanto para o público interno e para o franqueado quanto para o consumidor final (em seu *site*).

O PROPÓSITO NO DIA A DIA

Enquadrar a essência da empresa em uma moldura não leva a lugar nenhum.
Conheça algumas formas de levar o Propósito para o cotidiano da organização.

CIRCUITO DE EMBAIXADORES DO PROPÓSITO

Por meio de uma eleição, a partir de indicações feitas pelas equipes, a organização escolhe alguns funcionários para a posição de Embaixadores do Propósito. Eles serão treinados e receberão material prioritário com o objetivo de multiplicar o ideário contido no texto e no vídeo-manifesto. É uma das maneiras mais eficazes de levar o Propósito para diversas instâncias da empresa.

MÓDULOS DE TREINAMENTO E ACULTURAÇÃO

É o momento de exposição do Propósito para o público interno. O objetivo é apresentar o resultado da **ROTA DO SOUL** e os mecanismos que ajudam na internalização do conceito. Geralmente, é uma etapa conduzida pelas áreas de recursos humanos ou de comunicação, que são os maiores responsáveis por transmitir senso de relevância ao Propósito na organização.

EXPLORAÇÃO DOS PONTOS DE CONTATO DA MARCA (OU *PROOF POINTS*)

Etapa para identificação dos pontos de contato da marca com os seus públicos. Trata-se de um conjunto amplo de espaços: inclui o uniforme, a decoração das recepções, os cartões de visita, os crachás, o mural do cafezinho, as pintura das lojas, o *site*, a intranet, os caminhões etc. Em todo e qualquer ambiente da organização, o Propósito deve se fazer presente.

==case==: J. Macêdo

A J. Macêdo é uma empresa de alimentos fundada em 1939 no Ceará. Seu fundador, José Dias de Macêdo, foi um desbravador de vários mercados, estabelecendo-se no setor alimentício. Seu negócio hoje conta com marcas renomadas, entre elas Dona Benta, Sol e Petybon. Após diversos ciclos de crescimento, a empresa passou por um processo de profissionalização que acabou por colocar em xeque as crenças do seu fundador. O momento pedia reflexão. "Não havia saudosismo, mas o reconhecimento da origem da nossa força", diz Amarílio Proença de Macêdo, membro da segunda geração da J. Macêdo. A seguir, ele fala como inspirou o resgate do Propósito.

==Qual o sonho por trás do surgimento da J. Macêdo?==

José Dias de Macêdo, o fundador, construiu uma empresa por meio da qual pôde proporcionar à sua terra natal o atendimento a várias necessidades historicamente negligenciadas. Meu pai se notabilizou como empreendedor de visão pioneira, mas o início de sua jornada foi bem menos audacioso. Ele começou com representação comercial de produtos básicos, porém muito necessários. Seus primeiros passos foram a venda de produtos para a base da pirâmide, embora, na época, ninguém chamasse esse público dessa forma. Vendia querosene, manteiga, tampinha para fechar garrafa de aguardente etc.

case: J. Macêdo

Como foi o primeiro salto importante da empresa?

Muito cedo, ele identificou a oportunidade de trazer ao Ceará os jipes usados pelos Estados Unidos no Saara durante a Segunda Guerra Mundial. O Ceará não é o deserto do Saara, mas é uma região árida e com areia frouxa, o que dificultava a locomoção, pois naquela época não havia nem estrada de terra. O que existia era a estrada carroçada, uma picada feita entre o meio do mato com a passagem de cavalos e outros animais.

Qual era o ambiente onde J. Macêdo se criou como empreendedor?

Ele nasceu em Cambuci, uma cidade praiana que fica depois de Jericoacoara, no Ceará. O meu avô era comerciante, tinha um armazém de secos e molhados. Meu pai era garoto e ajudava no balcão. Sua primeira incursão marcante foi quando ele tinha dez anos e foi com um grupo de tropeiros de Cambuci para outra cidade com o objetivo de vender produtos e trazer outros. Na noite anterior ao retorno para Cambuci, José Macêdo,

que estava acompanhado não pelo pai, mas por um tio e outras pessoas, procurou o dinheiro das vendas e não encontrou nada. Ele tinha sido roubado por alguém da caravana. Aos dez anos, não tinha malícia para saber o que se passava. Meu avô acabou entrando em cena e logo constatou que tinha sido um primo que estava na carreata. O dinheiro apareceu, senão teria sido pior.

Houve outras experiências de iniciação como essa?

Cedo, o meu avô veio a Fortaleza para educar os filhos. Ele comprou uma pensão, onde morava com a família. Os filhos ajudavam na gestão da pensão e estudavam. Eram dez homens e uma mulher. O meu pai era o sétimo filho. Essa afinidade do meu pai com o meu avô e essa veia empreendedora, de tino comercial, fizeram com que o meu avô, ao viajar, deixasse o meu pai tomando conta do hotel. Assim, ele tomou um susto ao voltar de uma viagem longa: seu filho, José Macêdo, tinha trocado todo o piso do hotel depois de negociar com um hóspede.

<mark>Qual o primeiro negócio de expressão fechado por ele?</mark>

Quando viu tudo novo, foi um susto. Em 1939, ano da fundação da J. Macêdo, o meu pai trouxe alguns irmãos para trabalharem no negócio. Um deles, Benedito Macêdo, era muito sagaz, criativo e ousado. Meu pai e ele formaram uma dupla muito ativa. Foi nessa época que eles se candidataram para assumir a representação da marca Jeep no Brasil. Imagine que naquele tempo o representante comercial se comunicava por meio de carta, não havia comunicação rápida. Quando os jipes chegaram, eles tiveram que criar uma escola para treinar os motoristas que seriam os compradores, já que ninguém sabia pilotá-los. O jipe chegava ao Ceará desmontado, sem pneus, numa caixa pequenininha. Meu pai e o irmão eram os responsáveis pela montagem dos veículos.

José Dias de Macêdo, ou apenas J. Macêdo, na sede da empresa que levaria o seu nome

case: J. Macêdo

Como eles se saíram nesse negócio?

Em 1951 eles ganharam o primeiro milhão de dólares, que ainda hoje seria muito dinheiro. Vendiam o jipe para donos de cavalo que precisavam se locomover. Naquele tempo, as pessoas se transportavam a cavalo ou com caminhões, uma espécie de pau de arara que levava metade carga e metade gente. Seria como as picapes de hoje. O jipe era o primeiro carro a enfrentar essa função. Só não subia coqueiro, o resto ele fazia. O negócio prosperou no começo da década de 1950.

O que veio em seguida?

Em paralelo à importação dos jipes, J. Macêdo decidiu enfrentar uma grande restrição que então existia no Ceará. O estado não tinha moinho de trigo para produzir pão. Ele então começou a trazer farinha de trigo da Bahia em um veleiro. Certo dia, esse veleiro afundou e ele então passou a importar a farinha dos Estados Unidos. Uma dia, a farinha não veio, e ele foi parar em Nova York sem falar uma palavra de inglês para se defender desse cano. Quando viu que era muito complicado atender as necessidade do Ceará, conseguiu do governo Getúlio Vargas uma licença para importar um moinho de trigo da Itália. Com a conquista dessa licença, ele passou a concorrer com ninguém menos que a Bunge, uma gigante mundial, que já naquele tempo estava no Brasil. No fim das contas, quem conseguiu colocar o moinho lá no Ceará foi José Macêdo.

Nas origens da J. Macêdo há uma marca forte de pioneirismo. Décadas atrás, a empresa inovou na venda de jipes, farinha de trigo, cerveja e carne. Na essência de sua atividade, havia desde cedo a busca por levar soluções acessíveis ao povo do Nordeste.

Ousadia e empreendedorismo: a importação de jipes foi uma das primeiras iniciativas da J. Macêdo

Como foi essa concorrência com a Bunge?

Depois de algum tempo, a Bunge ficou muito incomodada com a descoberta da J. Macêdo de uma maneira de levar farinha para Recife, que era um mercado da multinacional. Nessa história, a Bunge ficou tão impaciente que quis de todo jeito comprar o moinho. A J. Macêdo acabou vendendo o controle, 60%. O montante pago valia duas vezes o moinho inteiro. Assim, a J. Macêdo ficou hipercapitalizada. Os Macêdo então fundaram uma cervejaria — no Ceará não tinha cerveja para competir com Antarctica e Brahma. Também criaram um frigorífico industrial, pois a carne que a gente consumia na época era abatida debaixo de pé de cajueiro, sem cuidado sanitário.

case: J. Macêdo

Como você definiria o Propósito de José Macêdo nos primórdios da empresa?

Além de ter essa preocupação em servir e, por meio disso, ganhar dinheiro, José Macêdo tinha a consciência de que atendia necessidades dos cearenses, que eram imperiosas. Resumindo, a história do Propósito da J. Macêdo tem a ver com o reconhecimento da empresa de que era uma prestadora de serviço e resolvedora de necessidades. Isso fez com que a J. Macêdo assumisse um papel muito relevante no Ceará e no Brasil. Outra crença — e prática — importante de José Macêdo passava pela formação de gente. Ele contratou muitos estudantes de engenharia e de economia. Chegamos a ter oito moinhos no Brasil, muitos deles administrados por pessoas que tinham na J. Macêdo o seu primeiro emprego. Eram talentos que saíam da faculdade e ingressavam na empresa como *trainees*. Trabalhar na J. Macêdo passou a ser um sonho para a juventude do Ceará. Mais adiante, na década de 1970, a empresa atraiu muitos talentos das áreas financeira, operacional e administrativa. A vida inteira tivemos esse cuidado de ter o gerenciamento feito por pessoas habilitadas nas suas áreas.

A TroianoBranding chegou na hora em que buscamos ressignificar coisas da vida inteira. Eles fizeram um trabalho muito sólido a partir do nosso Propósito. Depois disso, passamos a difundir ao máximo os valores que J. Macêdo respeitou e praticou ao longo dos anos."

Atender demandas negligenciadas no Ceará foi o que gerou os maiores saltos da J. Macêdo

Como foi o ingresso da empresa nos anos 2000?

Com o meu pai já fora do dia a dia e eu e o meu irmão muito envolvidos com o negócio, fizemos uma aliança com a Bunge, em 2003, o que trouxe uma nova complexidade administrativa. Com o aval do Cade (Conselho Administrativo de Defesa Econômica), dividimos o mercado do trigo em B2B e B2C. Tudo o que a J. Macêdo tinha de B2B foi passado para a Bunge — e vice-versa. O então CEO entrou em parafuso. O conselho se voltou para mim e disse: "Você inventou essa encrenca, assume que o filho é seu". Pela primeira vez na vida eu atuei na operação — antes disso, eu sempre estive na área de estratégia. Foi um calvário para mim. Estávamos em agosto de 2004.

O que aconteceu?

Naquele tempo, eu era muito ligado ao pessoal da Brahma [hoje parte da cervejaria Ambev], por quem ainda hoje tenho grande admiração. Decidi usar os princípios dessa turma e só queria jovem brilhante no meu time. Acabei contratando uma garotada abaixo dos 40 anos para tocar o negócio. Eu ocupava a posição de CEO, mas não queria estar ali. Falei que iria escolher o meu sucessor entre a turma de jovens talentos. Foi como declarar guerra. Cada um deles se achava o candidato ideal, mas acabou não dando certo. Com o tempo, ficou claro que isso não traria o meu sucessor. Daí tivemos que ir ao mercado buscar um novo CEO. Nesse processo tivemos três CEOs.

case: J. Macêdo

Consciência
do Propósito
hoje atravessa
a empresa

Como vocês lidaram com esse momento delicado?

Com essa sucessão de CEOs de outras áreas — um vindo de telecomunicações, outro de alimentos (proteína animal) —, um dos aprendizados foi que cada um deles trazia as suas próprias crenças, mas nenhum tinha a preocupação de compreender a J. Macêdo. Quando eles chegaram aqui, a empresa nascida de um negócio de querosene e manteiga já tinha mais de setenta anos... Em um primeiro momento, todos pareciam

A empresa será ainda mais longeva se estiver consciente do seu Propósito e, em paralelo, for capaz de compreender as necessidades essenciais da sociedade."

abismados com a maravilha que era a marca *Dona Benta*. Ocorre que, logo em seguida, passavam a atuar com muitas certezas, como se conhecessem o negócio mais do que qualquer um que tivesse trabalhado para a marca chegar até aqui. Nesse momento em que buscávamos ressignificar algumas coisas que trazemos da vida inteira, o trabalho com o Propósito apareceu para nos ajudar.

Qual foi o caminho encontrado por vocês para lidar com isso?

Começamos a ver como resgatar o Propósito que já tínhamos, embora estivesse meio difuso, com tantas culturas novas chegando. De lá para cá, a gente vem trabalhando para ver como perenizar os valores e as atitudes que fizeram a J. Macêdo chegar onde está hoje. Muitos já os praticam, mas as equipes como um todo precisavam entender que a empresa não era uma colcha de retalhos.

J. Macêdo dizia: "Não interessa o que eu digo, mas o que o outro entende". O cuidado de assegurar que o outro entenda o que dissermos é algo essencial para o êxito de uma marca.

Qual foi o papel da TroianoBranding nessa história?

Nesse momento em que buscamos ressignificar coisas que trazemos da vida inteira, a TroianoBranding chegou para nos ajudar na articulação desse desafio. Eles fizeram um trabalho muito sólido de arquitetura de marcas a partir do Propósito. Interpretaram como o consumidor percebia características específicas de cada marca. Dona Benta, por exemplo, refletia a figura protetora que cuida da família. A Sol inspirava praticidade. Petybon era a marca que se notabilizava pelo lado *gourmet*, nessa onda dos homens na cozinha.

case: J. Macêdo

Estou convencido de que resgatar o Propósito não tem nada de saudosismo. Trata-se de aproveitar o que temos de bom e o mundo valoriza — acrescentando outras coisas fundamentais para se ter velocidade, como o olhar digital sobre os negócios."

Uma vez ouvi uma frase de um conhecido que dizia: "Um cliente não sabe o que quer, mas reconhece quando vê". A gente tem consciência do que sabe, mas às vezes não expressa de maneira suficientemente clara para que o outro tenha exata compreensão. Nessa mesma linha, o meu pai costumava dizer: "Não interessa o que eu digo, mas o que o outro entende". Esse cuidado de assegurar que a outra pessoa entendeu perfeitamente o que nós dissemos é algo da maior relevância para o sucesso do negócio. A ajuda da consultoria nesse ponto foi muito importante para a J. Macêdo. Seu trabalho funcionou como uma espécie de facilitador na aceleração das nossas engrenagens.

Qual o resultado desse olhar para a história da empresa e das suas marcas?

Hoje nós sabemos como conciliar a caminhada lado a lado de pessoas com muito tempo de casa e dos recém--chegados vindos de outras culturas. A regra para todos eles é a mesma — procuramos difundir o máximo possível os valores que J. Macêdo respeitou e praticou a vida inteira. Uma das frases dele que lemos muito aqui diz: "Nessa empresa, todos somos vendedores e nós temos o dever de honrar o que prometemos aos clientes". Esse é o mantra com que trabalhamos no presente. É um desafio gostoso, mas muito sutil, e requer perseverança e paciência.

CAPÍTULO 9

O sentido de uma jornada

Como o Propósito ajuda
a projetar as metas da
próxima década

Imagine empresas com mais de uma geração de líderes. Pode ser a Sintel, plataforma de soluções logísticas para o setor automotivo com mais de trinta anos, a Preçolandia, rede de utensílios domésticos na segunda geração, ou o Grupo Algar, conglomerado fundado em 1930 com presença em segmentos tão diversos como TI, agronegócio, entretenimento e serviços. Em todas elas, existe o permanente desafio de transmitir a diferentes gerações qual o Propósito da empresa ao longo de décadas.

a tentação de muitos executivos é apontar a meta de um determinado período — não raro, um trimestre — e indicá-la como o Propósito da empresa. Algo como: "Nosso objetivo maior é atingir a meta de vendas no trimestre, para que todos possamos garantir o fôlego para os tempos difíceis que virão aí". E esses tempos sempre vêm. Também pode ser apenas para garantir o bônus. Apesar disso, a razão de ser de uma organização não pode se esgotar em objetivos fugazes, ainda que estes sejam fundamentais para a perenidade de um negócio.

O Propósito traz o melhor alinhamento do que se deve preservar — e semear — de uma geração para outra, salvas as mudanças de mercado. Nesse sentido, o Propósito opera como uma linha condutora que integra diversas gerações, pois serve para organizar os passos da empresa em um futuro próximo, uma década, por exemplo — muito mais do que missão, visão e valores. Sobretudo nas empresas familiares, o Propósito ajuda a alinhar a geração seguinte, que assim chega ao negócio sabendo onde pisa.

Dito de outra forma, o Propósito oferece um sentido de jornada a organizações e a indivíduos. Pense no presidente norte-americano John F. Kennedy (1917-1963) e nos seus planos mirabolantes de levar um homem à Lua. Ou então no sonho do presidente brasileiro Juscelino Kubitschek (1902-1976) de fazer o Brasil saltar "cinquenta anos em cinco". Os dois apontaram objetivos difíceis, para além do seu tempo, mas que de alguma forma despertaram o sentimento da busca por algo maior que eles. Nos dois casos, esses líderes deram um sentido de jornada para as duas nações.

OS TRÊS TEMPOS

O Propósito, mais do que qualquer outra solução, é o fio capaz de ligar os sonhos do fundador aos gestores das sucessivas gerações.

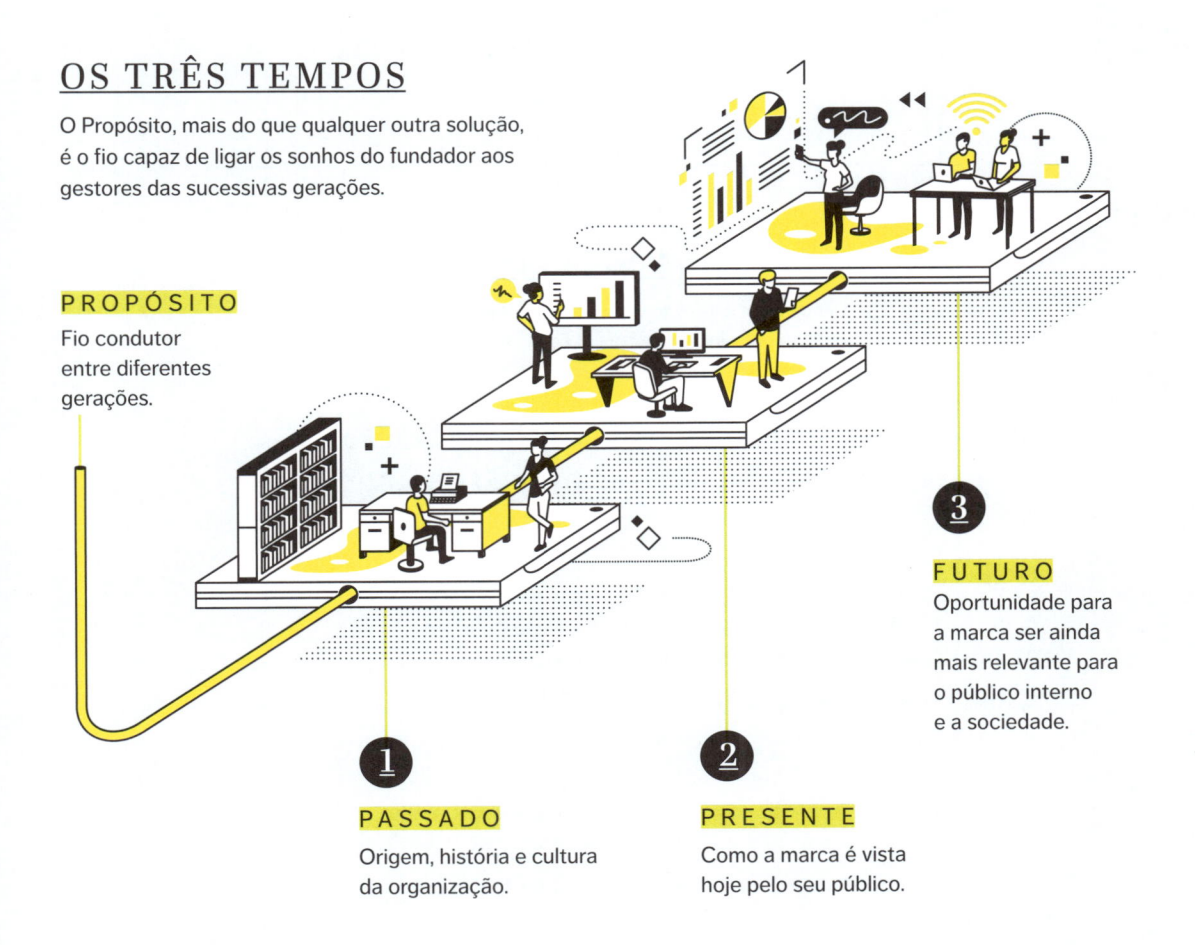

PROPÓSITO
Fio condutor entre diferentes gerações.

1
PASSADO
Origem, história e cultura da organização.

2
PRESENTE
Como a marca é vista hoje pelo seu público.

3
FUTURO
Oportunidade para a marca ser ainda mais relevante para o público interno e a sociedade.

Quando Kennedy e Kubitschek levaram os anseios de seus povos a lugares antes desconhecidos, tanto os Estados Unidos como o Brasil vislumbraram a ideia de um caminho tortuoso, repleto de sacrifícios, inimaginável pouco tempo antes e aparentemente impossível. No entanto, o mais importante foi que, partindo desse Propósito coletivo, os dois países deram saltos significativos rumo a sociedades mais modernas — ainda que bastante irregulares, como sabemos ser o caso do Brasil em especial.

Esse sentido de jornada para um determinado período é possível apenas porque carrega conexões com a origem das organizações — públicas ou privadas — e dos seus líderes e fundadores. Não é algo que se aplica de fora para dentro, tampouco se transmuta com a troca de um CEO.

QUAL É A SUA JORNADA?

Faça esse exercício e sugira o mesmo aos seus colegas. Depois debata com eles.

Qual era o Propósito do fundador da organização em que você atua? O que ele trazia como desafio?

Tente enxergar a conexão desse sonho original com a atuação da empresa hoje.

A SAGA DE DOIS PRESIDENTES

JFK falou aos norte-americanos em pisar na Lua. JK lançou aos brasileiros o desafio de avançar cinquenta anos em cinco. O Propósito apresentado por eles segue ecoando ao longo de gerações.

JOHN F. KENNEDY

Presidente dos Estados Unidos de 1961 a 1963

JUSCELINO KUBITSCHEK

Presidente do Brasil de 1956 a 1961

PROGRAMA APOLO

Propósito Levar um homem a pousar sobre a Lua e trazê-lo de volta à Terra em segurança.

50 ANOS EM 5

Propósito Obter cinquenta anos de progresso em cinco anos de realizações, com respeito às instituições.

SALDO

O que os Estados Unidos e o Brasil **colheram de resultados** do sonho desses dois líderes:

1. **Consolidação** dos Estados Unidos como potência aeroespacial.
2. **Enraizamento** da ideia segundo a qual o povo norte-americano poderia realizar grandes feitos em qualquer área.
3. **Desenvolvimento** de tecnologias e produtos, entre eles o termômetro auricular, os microchips para computadores e o detector de fumaça.

1. **Desenvolvimento** de uma indústria automobilística brasileira, reduzindo a dependência de carros importados.
2. **Valorização** da liberdade de imprensa, de cátedra e artística, cultivando um dos períodos mais criativos do Brasil.
3. **Duplicação** do tamanho da indústria de base nacional, levando o Brasil a se modernizar em diversas frentes.

O Grupo Algar é um dos grandes exemplos no Brasil de empresa cujo Propósito tem se perpetuado por gerações de uma família

entrevista: Sintel RAFAEL NAVARRO

Ao longo de trinta anos, a paulista Sintel conquistou a liderança na venda de soluções logísticas para a indústria automotiva. Na América Latina, 60% dos dados que circulam entre montadoras e negócios de autopeças passam pela empresa. Trata-se, portanto, de uma operação crucial para o bom funcionamento desse setor tão importante da economia. Em 2018, a Sintel apostou em acelerar sua internacionalização, processo que tinha começado por volta de 2009.

era o momento de repensar muita coisa. Para começar, a ida para o exterior requeria um nível de engajamento de todo o time de 160 colaboradores da empresa. O que já não era muito simples se tornou ainda mais complexo diante do fato de esse grupo se dividir entre profissionais com mais de quinze anos de casa e os recém-chegados com uma nova visão do futuro do negócio. "Buscamos uma maneira de transmitir a nossa cultura de forma coesa para todos, inclusive aqueles que estão chegando agora", afirma Rafael Navarro, membro da segunda geração na liderança do negócio. A seguir, ele fala da importância do Propósito para levar a Sintel a um novo estágio de crescimento.

A primeira geração da Sintel, quando o desafio era se tornar uma empresa relevante na logística de autopeças

Como surgiu a necessidade de a Sintel resgatar o seu Propósito?

A necessidade de trabalhar o nosso Propósito surgiu em função de precisarmos definir de maneira mais clara o que é a Sintel, qual a cultura da empresa e qual a razão de ser do trabalho de todos que estão aqui. Somos uma empresa de trinta anos e temos colaboradores que estão conosco há mais de quinze anos. Buscamos uma maneira de transmitir a nossa cultura de forma coesa para todos, inclusive aqueles que estão chegando agora.

Qual foi o momento em que a Sintel decidiu fazer esse trabalho?

A empresa estava prestes a completar trinta anos. A cada dez anos, a Sintel assume uma nova jornada. Tem sido assim ao longo de toda a nossa história. Seguindo esse caminho, a jornada atual é a da globalização do negócio. Isso requer um *mindset* diferente do que tínhamos até então. A empresa tem liderança no setor há tempos, mas precisava criar um *business plan* condizente com o desafio de internacionalizar sua operação.

Como o Propósito se conectou com a nova jornada da Sintel?

Dado o engajamento de que precisávamos para a internacionalização, sentimos a necessidade de criar uma maior empatia com os colaboradores. Esse não é um desafio para qualquer empresa. Daí a necessidade de um trabalho para que todos entendessem o valor — e o Propósito — do trabalho deles, assim como o potencial para levar suas carreiras e a empresa a um novo patamar. Também foi muito importante equalizar a visão sobre a empresa de colaboradores de diferentes áreas, como financeiro, comercial e operações.

Quais foram os resultados desse trabalho?

O que surgiu foi muito interessante: os Talentos e o Propósito levantados pelo grupo se conectaram totalmente com o que nós, da liderança, enxergávamos. Ou seja, não foi preciso um executivo impor uma visão da cultura, pois a participação dessas cinquenta pessoas no resgate do Propósito trouxe isso naturalmente. Faltava firmar essa visão de forma clara e objetiva.

A gente entende que essas pessoas estão aqui por um Propósito maior. Queremos trabalhar com gente que queira evoluir como grupo e como profissional — ancorados na Sintel. Sem essa inquietude do nosso time, não teríamos chegado até aqui."

Qual foi o impacto desse trabalho junto aos colaboradores?

A maioria percebeu que a atividade deles era fundamental. Ficou claro que a indústria automotiva, de imenso valor para o PIB nacional, paralisa se essa galera não executar a sua função. Essa perspectiva foi muito importante, considerando que atuamos em uma área às vezes pouco visível para o mercado. Depois disso, o nosso desafio foi transmitir essa visão para o restante da equipe (a Sintel tem 160 funcionários). Como diz Jaime Troiano, o Propósito não pode ser uma frase bonita num quadro na parede.

O que a empresa colheu de resultados até aqui?

A Sintel tem uma liderança na América do Sul. Atualmente, 60% das informações que transitam entre montadoras e autopeças passam pela Sintel. Essa é a dependência que o mercado tem do que fazemos. Se a Sintel "desligar", o sistema automotivo para, pois as empresas de autopeças deixariam de saber o que precisam entregar. Além disso, temos escritórios nos Estados Unidos, na Bélgica e na Alemanha. Como parte desse plano de internacionalização, nosso foco principal agora é a Europa.

COMO E POR QUE CHEGAMOS ATÉ AQUI

u ma psicóloga apaixonada por comunicação e estudos de gênero e um engenheiro químico em uma carreira de sociologia um belo dia se encontraram em uma agência de propaganda. O coração nos uniu e uma convergência profissional criou uma aliança na vida de nossa empresa. Tem sido assim desde 1993. O que sempre sedimentou esta jornada na TroianoBranding foi nossa inquietude intelectual diante do trabalho. Gostamos de ir até as raízes porque somente assim entendemos como dar vitalidade às marcas. Foi nessa trilha que, há doze anos, entendemos que marcas sem Propósito são marcas sem alma, e nunca nos esquecemos disso.

AFINAL, E O NOSSO PROPÓSITO?

a o longo das páginas deste livro, nos dedicamos a incitar o leitor a olhar para o Propósito como algo muito além de uma frase de efeito, do desejo de boas cabeças bem intencionadas ou de uma simples iniciativa, entre tantas outras, que surgem para acompanhar as novas tendências da gestão ou como motivação individual.

Esperamos ter conseguido mostrar a você quão mais amplo, impactante, profundo e importante é o tema do Propósito. O quanto ele expressa um compromisso que vem do passado, abraça o presente e projeta o futuro. Que ele é uma energia coletiva que deve estar presente no ar que a empresa respira, na alma das pessoas, e não ser fruto da imposição de um líder. Aliás, imposição e Propósito não combinam. Ou é autêntico e surge como expressão coletiva ou não há um Propósito.

Propósito tem uma razão de ser, pede compromisso e, acima de tudo, verdade. Olha para dentro, em primeiro lugar, e, a partir disso, cria um farol que vai trazer luz para todas as direções, dentro e fora.

Chegamos ao final dessa jornada do livro pensando em nosso próprio Propósito, como pessoas, profissionais e empresários que somos. Afinal, qual a nossa razão de ser? Se fizermos a nossa **ROTA DO SOUL**, olhando para nossas vidas, aonde chegaremos? O que nos dá sentido, todos os dias, para o que fazemos na vida profissional? Será que estamos honrando nossos diplomas de sociólogo, engenheiro ou psicóloga ou, ao contrário, abusando do poder que tais áreas do conhecimento nos proporcionam?

Muitos foram os dias em que nós conversávamos sobre a atuação como profissionais de *Branding* e pesquisadores do comportamento do consumidor e se essa não seria uma forma de fazer um uso pouco inspirador de nossa cabeça. Será que estamos fazendo mais o mal do que o bem? Esses pensamentos nos incomodavam muito. Usar nossa formação para vender mais? Sim, nos sentimos com alguma dose de culpa em boa parte de nossas carreiras. Como alívio para tal sentimento que nos atormentava, nos cercamos de princípios éticos, que sempre nos pautaram. Desde escolher marcas com as quais queremos trabalhar e abrir mão de áreas que consideramos prejudiciais às pessoas. Ou dispensar um cliente cujo interesse era apenas comercial sem uma entrega adequada de valor ao consumidor final. Há limites bem claros para nós e isso nos ajudava a aliviar nossas consciências.

Viemos assim até o dia em que nos apaixonamos pelo tema do Propósito. Tudo parecia fazer sentido. Era a união perfeita daquilo que sempre valorizamos. Profundidade, compromisso com a sociedade, bem-estar, inteligência e desafio. Tudo isso alimentando empresas mais prósperas, impactando pessoas e criando ambientes sociais mais positivos. Saímos do plano de criação de estratégias apenas para vender mais. Passamos a atuar para a promoção de mudanças na sociedade e, a partir delas, queremos impactar as vidas positivamente. Foi uma reconciliação positiva com nossos valores. Isso tinha sentido para nós e dessa forma era fácil se apaixonar.

Há um Propósito mais que nos anima, que dá sentido ao que fazemos. Que é nossa razão de ser. Cada vez mais queremos estar ao lado de pessoas, marcas e empresas que olhem para seus negócios e carreiras como geradores de valor social. Não há mais espaço em nossas vidas para apenas gerar valor pelo simples valor. O que importa para nós é o compromisso genuíno. Queremos estar ao lado de quem pensa como nós. De quem entende que nosso papel no mundo é o de olhar com mais compaixão e empatia para o nosso entorno. Saber que podemos vender produtos, ofertar serviços ou servir pessoas de modo que toda a cadeia se beneficie.

Esse é o nosso Propósito e foi com esse intuito que escrevemos este livro. De afastar as banalizações que existem em torno do tema e trazer a seriedade que ele merece. Se esta é a nossa via para um mundo melhor, merece esse respeito. Esperamos que nossa paixão pelo tema também tenha contagiado você, leitor. Que estejamos juntos nessa jornada, comprometidos com esse ideal. Certos de que Propósito não é uma "modinha" passageira, e sim uma razão de existir. Enfim, esse é o legado que queremos deixar para aqueles que estão a nosso lado. Para nossos filhos, para nossas famílias, nossos colaboradores, para nossos amigos e clientes. A satisfação de saber que o trabalho de um sociólogo e engenheiro e de uma psicóloga com *Branding* pode inspirar histórias mais positivas. Para mais pessoas, para futuros mais felizes, com mais verdades.

Foto: Vivian Koblinsky

OS AUTORES

CECÍLIA RUSSO TROIANO

é psicóloga formada pela PUC-SP e com Mestrado em *Women's, Gender and Sexuality Studies* pela Georgia State University, Estados Unidos. Iniciou sua carreira profissional trabalhando em Consumer Insights de agências como Young & Rubicam e Salles, além de institutos de pesquisa, como Research International e Com Senso. Em 1997 associou-se à TroianoBranding. É autora de três livros voltados ao universo feminino: *Vida de Equilibrista – Dores e delícias da mãe que trabalha* (Cultrix, 2007) ,

Aprendiz de Equilibrista – Como ensinar os filhos a conciliar família e trabalho (Évora, 2011) e *Garotas Equilibristas: o projeto de felicidade das jovens que estão entrando no mercado de trabalho* (Pólen, 2017). Colunista da Revista *Pais & Filhos* e da Rádio CBN, divide o o programa semanal "Sua marca vai ser um sucesso", com Jaime Troiano e Milton Jung. Em 2019, voltou às salas de aula para o curso Jung e Corpo, no Instituto Sedes Sapientiae. Casada com Jaime desde 1991, divide com ele a casa, os dois filhos do casal, Beatriz e Gabriel, além da direção da empresa.

Foto: Vivian Koblinsky

OS AUTORES

JAIME TROIANO

Presidente da TroianoBranding, empresa que atua desde 1993 no mercado brasileiro e latino-americano. Engenheiro químico formado pela Faculdade de Engenharia Industrial (FEI) e sociólogo formado pela Universidade de São Paulo (USP). Já foi VP de Consumer Insights e Planejamento da Young & Rubicam e também da MPM - Lintas e BBDO, responsável por essa área na América Latina. Como um dos dirigentes da TroianoBranding, tem assessorado empresas no desenvolvimento de negócios, consultoria de marca e comportamento de consumidor, em vários segmentos do mercado. Contribui para vários veículos de comunicação, membro do Hall da Fama dos profissionais de marketing no país e ganhador do Prêmio Caboré. É colunista da CBN, junto com Cecília Troiano e Milton Jung. Tem vários artigos, *papers* e estudos publicados no Brasil e no exterior sobre análise de marca e comportamento de consumidor. Autor de *As marcas no divã: uma análise de consumidores e criação de valor* (Globo, 2009) e *Brandintelligence — Construindo marcas que fortalecem empresas e movimentam a economia* (Letras e Cores, 2017).

BIBLIOGRAFIA

AAKER, David A. *Building strong brands*. Nova York: Free Press, 1996.

_____. *Managing Brand Equity*. Nova York: Free Press, 1991.

ABA (ASSOCIAÇÃO BRASILEIRA DE ANUNCIANTES). COMITÊ DE BRANDING. *Guia de Boas Práticas de Relacionamento entre Agências de Publicidade e Cliente*. São Paulo: ABA, 2019.

ARNOLD, David. *The Handbook of Brand Management*. Londres: The Economist Books, 1992.

BAUMAN, Zygmunt. *O mal-estar da pós-modernidade*. Rio de Janeiro: Zahar, 1998.

GOBÉ, Marc. *Emotional Branding – the New Paradigma for Connecting Brands to People*. Nova York: Allworth Press, 2001.

GUILMORE, James H. & PINE II, B. Joseph. *Authenticity: What Consumers Really Want*. Massachussets: Harvard Business Review Press, 2007.

HILLMAN, James. *Tipos de poder: um guia para o uso inteligente do poder nos negócios*. São Paulo: Cultura Editores Associados, 1995.

KANDEL, Eric R. *The Age of Insight: the Quest to Understand the Unconscious in Art, Mind, and Brain*. Nova York: Random House, 2012.

KELLER, Kevin Lane. *Building, Measuring, and Managing Brand Equity*. Nova Jersey: Prentice Hall, 1998.

KOMPELLA, Kartikeya *et al. The Definitive Book of Branding*. Los Angeles: Thousand Oaks, 2014.

KOTLER, Philip *et al. Marketing 3.0*. Rio de Janeiro: Elsevier, 2013.

LINDSTROM, Martin. *Brandwashed – O lado oculto do marketing*. São Paulo: HSM, 2013.

MORIN, Edgar. *Cultura de massa no século XX – O espírito do tempo*. Rio de Janeiro / São Paulo: Forense, 1969.

NEUMEIER, Marty. *The Brand Gap*. Berkeley: New Riders, 2005.

RAPPAILLE, Clotaire. *The Culture Code*. Nova York: Broadway Books, 2006.

REIMAN, Joey. *Propósito: por que ele engaja colaboradores, constrói marcas fortes e empresas poderosas*. São Paulo: HSM, 2013.

RIES, Al. *Focus – The Future of Your Company Depends on It*. Nova York: Harper Business, 1996.

RIESMAN, David. *A multidão solitária*. São Paulo: Perspectiva, 1961.

SINEK, Simon. *Start with Why*. Nova York: Penguin, 2009.

TROIANO, Jaime. *As marcas no divã – uma análise de consumidores e criação de valor*. São Paulo: Globo, 2009.

_____. *Brandintelligence: construindo marcas que fortalecem empresas e movimentam a economia*. São Paulo: Estação das Letras e Cores, 2017.

TYBOUT, Alice M; CALKINS, Tim. *Kellog on Branding*. Nova Jersey: John Wiley&Sons, 2005.

VÁRIOS AUTORES. *Harvard Business Review on Brand Management*. Massachusetts: Harvard Business School Press, 1999.

ZALTMAN, Gerald. *How Consumers Think*. Massachusetts: Harvard Business School Press, 2003.

Este livro foi composto em Questa
& FF Dagny Pro. Impresso em papel
Offset 90g em São Paulo, 2019.